Yumiko Tobitani

QSR

Quantum Speed Reading

Geistige Fähigkeiten entwickeln durch Verstehen auf Quantenebene

Omega

Bibliografische Information der Deutschen Bibliothek

Die Deutsche Bibliothek verzeichnet diese Publikation in der Deutschen Nationalbibliografie;
detaillierte bibliografische Daten sind im Internet über http://dnb.ddb.de abrufbar.

3. Auflage – November 2008

Originaltitel: Quantum Speed Reading. Awakening Your Child's Mind
ISBN 987-1-57174-471-5, veröffentlicht von Hampton Roads Publishing Company, Inc., 1125 Stoney Ridge Road, USA-Charlottesville, VA 22902, www.hrpub.com, e-mail: hrpc@hrpub.com

Aus dem Englischen übersetzt von Oliver Fehn

Lektorat: Dr. Priska Pytlik, Gisela Bongart M.A.
Coverentwurf: Hermann R. Lehner
Covermotiv: Mauritius Images
Satz: Martin Meier

Druck: FINIDR, Český Těšín, Tschechische Republik

ISBN 978-3-930243-43-3

Dieses Buch wurde nach den Regeln der alten Rechtschreibung lektoriert.

Omega®-Verlag, Gisela Bongart und Martin Meier (GbR)

D-52080 Aachen • Karlstr. 32
Tel: 0241-168 163 0 • Fax: 0241-168 163 3
e-mail: info@omega-verlag.de
www.omega-verlag.de

Inhalt

Vorwort

Ein Geleitwort von Makoto Shichida, Begründer der Shichida-Kinderakademie

Yumiko Tobitani, leitende Lehrkraft an einer der Shichida-Kinderakademien, stellt mit ihrem Buch über das Quantum Speed Reading dessen Theorie und Praxis vor. Quantum Speed Reading ist eine einzigartige Technik des Schnell-Lesens, die sich der rechten Gehirnhälfte bedient. Damit läßt sich der Inhalt eines Buches visualisieren und dessen Bedeutung sofort erfassen. Das herkömmliche Schnell-Lesen benutzt das linke Gehirn, um gedruckten Text rasch lesen und verstehen zu können. Das rechte Gehirn dagegen liest einen Text nicht Wort für Wort, sondern erfaßt den eigentlichen Inhalt auf der Ebene der Gedankenschwingung (der Quantenebene) und setzt dann die gewonnenen Eindrücke in Bilder oder lesbare Worte um. Geschriebene Worte in entsprechende Bilder umzusetzen ist eine der Grundfunktionen des rechten Gehirns, dessen Resonanzfähigkeit vom Sympathikus gesteuert wird.

Wesentliche Voraussetzung für das Quantum Speed Reading ist es, die Imaginationskraft des rechten Gehirns zu erschließen. Dies ist aber nur dann möglich, wenn man zuallererst die Fähigkeit entwickelt, klar und deutlich zu imaginieren. Sie werden beim Lesen dieses Buches auf viele verblüffende Beispiele dafür stoßen, wie Kinder ihr rechtes Gehirn benutzen, um auf dem „Schwingungsweg“

an Informationen zu gelangen und sie dann in Bilder umzusetzen. Die Imaginationsgabe des rechten Gehirns versetzt uns in die Lage, uns Text mit Hilfe von Bildern einzuprägen, durch den Gebrauch von Bildern Krankheiten zu heilen und diese Bilder auf perfekte Weise in Geschichten zu kleiden.

Die pädagogische Anwendung der Imaginationsgabe des rechten Gehirns wurde in dieser Form noch nie praktiziert. Erst die Shichida-Kinderakademie hat dieser unlängst noch unbekannten Technik zur Entfaltung der Imaginationsgabe des Gehirns den Weg gebahnt. Quantum Speed Reading ist die grundlegende Technik zur Nutzung des Großhirns. Das vorliegende Buch stützt sich auf Fallstudien, die zeigen, wie sich Quantum Speed Reading zu einer echten Methodik entwickeln konnte. Es ist mein sehnlichster Wunsch, daß sich diese Technik so vielen Menschen wie möglich als nützlich erweist.

Einführung

Quantum Speed Reading (QSR) aktiviert die Zwischenhirnregion des Mittelhirns, also jene Region, die beide Hirnhemisphären miteinander verbindet. Der Schlüssel zu dieser Aktivierung liegt in der natürlichen Imaginationsgabe von Kindern. Während wir das Quantum Speed Reading in unseren Klassenzimmern praktizierten, sahen unsere Schüler eine Fülle von Möglichkeiten aufkeimen. Viele konnten den Inhalt eines Buches durch bloßes Durchblättern erfassen; andere sahen in die Zukunft und waren oft sogar dazu in der Lage, verschiedene Energieformen telepathisch zu erspüren. Obwohl Erwachsene diese Behauptungen häufig in Frage stellen, nehmen die meisten unserer Schüler diese Fähigkeiten einfach als gegeben hin. Vielleicht ist es gerade diese natürliche Akzeptanz, die es ermöglicht, daß sich diese Fähigkeiten bei ihnen entwickeln. Der folgende Aufsatz stammt von T. G., einem unserer jungen Schüler (an der Kasai-Schule).

Meine Begegnung mit dem Shichida-Training

Auf die Frage, was für mich das Beste am Shichida-Training war, würde ich sofort antworten: „Ich habe gelernt, wie man Bilder erzeugt und wie viel man mit ihnen anstellen kann." Imaginationstraining wird an all unseren Shichida-Schulen praktiziert. Es ist für mich zur zweiten Natur geworden, und seit kurzem spüre ich, daß es etwas wirklich Wunderbares ist. Das Imaginieren läßt sich in vielen Situationen anwenden, außerdem ist es wirklich leicht.

Sich den Text aus einem Lehrbuch oder aus Unterrichtsaufzeichnungen einzuprägen, ist zum Beispiel eine „Linkshirn-Aufgabe". Nutzt man allerdings das rechte Gehirn, um sich etwas einzuprägen, macht das Spaß und geht außerdem mühelos vonstatten. Ich muß zugeben, daß ich diese so praktische Imaginationsgabe früher haßte. Schon als kleines Kind habe ich mit dem Imaginationstraining an der Shichida-Schule begonnen. Damals verstand ich nicht, wieso wir uns die ganze Zeit einen roten Ball vorstellen sollten. Ich hielt es für sinnlos, weil ich nicht wußte, was man damit anfangen sollte. Meine Gefühle während des Trainings führten zu Streß, und ich entwickelte eine starke Abneigung gegen die Bilder in mir. Obwohl ich am Shichida-Training schon in so jungen Jahren teilnahm, kam es, solange ich klein war, zu keinerlei sichtbaren Resultaten. Dies änderte sich jedoch, als ich in die Grundschule kam. Ein Flußkrebs, den ich auf der Grundlage eines imaginierten Bildes gemalt hatte, wurde als Unterrichtsobjekt ausgewählt (vgl. dazu auch den Abschnitt über Farben). Ich kann mich noch lebhaft daran erinnern. Indem ich diesen Flußkrebs in meiner Vorstellung herumbewegte und dabei seine Farbe oder den Blickwinkel, aus dem ich ihn betrachtete, änderte, entdeckte ich zu meiner Freude, daß ich das Bild beliebig verändern konnte. Zunächst war ich schockiert, doch bald wuchs das Gefühl, wie großartig solche Bilder sind. Danach konnte ich mit meiner Imagination viele Dinge machen. Hier sind einige davon:

Krankheiten behandeln

Wenn in meiner Familie jemand krank wird, ruft man mich sofort hinzu. Ich sehe, daß da ein Virus in den Schmerzregionen oder den entzündeten Bereichen der kranken Person ist. Dann stelle ich mir vor, wie ich zu einer mikroskopisch kleinen Person werde, die sich in den Körper des Kranken begibt, um ihn zu heilen. Dem Patienten geht es bald besser. Aus diesem Grund brauchen wir bei uns zu Hause keine Medikamente mehr.

Lernen für die Schule

Wenn ich mir etwas einprägen muß, erfinde ich eine Geschichte und merke sie mir mit Hilfe von Bildern. Muß ich zum Beispiel etwas Geschichtliches lernen, so stelle ich mir vor, ich wäre eine historische Persönlichkeit aus jener Epoche. Egal wie schwer der Stoff auch ist, ich kann ihn dadurch leicht behalten.

Sich motivieren

Wenn ich mir etwas vornehme, wofür ich aber wenig Begeisterung aufbringen kann, stelle ich mir in allen Details vor, ich hätte es schon einmal erfolgreich getan. Dabei imaginiere ich nicht nur ein Bild (in meinem Kopf), sondern auch die begleitenden Töne, Empfindungen und Gefühle. Alles läuft zu 100 Prozent gut, wenn ich mir lebhaft vorstelle, wie andere Leute aus meiner Umgebung darüber glücklich sind. So habe ich mit dem Imaginationstraining vieles geschafft. Was jedoch alles andere in den Schatten stellt und über das größte Potential verfügt, ist das Quantum Speed Reading (QSR). Bei Frau Tobitani an der Kasai-Schule wurde ich mit der Technik vertraut gemacht, und ich begann damit, sie praktisch umzusetzen. Vom ersten Moment an „flog“ mir diese Fähigkeit geradezu zu, obwohl sie schwer zu erlernen ist. Da ich aber bereits Erfahrungen mit dem Imaginationstraining hatte, auf dem das QSR aufbaut, mußte ich nur noch mein Denken umstellen. Es ist unvergleichlich, wieviel schneller ich mit Hilfe von QSR im Lesen von Lehrbüchern und Unterrichtsaufzeichnungen geworden bin. Nach knapp einem Jahr absolvierte ich die Aufnahmeprüfung für die Mittelschule. Kam ich mit dem Studium einmal nicht voran, stellte ich mir einfach vor, es laufe gut, und konnte auf diese Weise das Problem bewältigen. Als ich mich schließlich entscheiden mußte, welche Schule für mich am besten war, sah ich auf einmal ein Bild der Azabu-Schule und mein dortiges Schülerleben vor mir.

Mein Lehrer an der Vorbereitungsschule, den ich um Rat fragte, sagte aber: „Es ist riskant für dich, jetzt die von dir gewählte Schule zu wechseln. Vor allem wenn du auf die Azabu-Mittelschule willst, auf die man es bekanntlich nur schwer schafft. Du solltest eine Schule wählen, von der du sicher weißt, daß sie dich auch aufnimmt!“ Als ich das hörte, schwor ich mir, es doch zu schaffen. Ich ging zur Azabu-Mittelschule, stellte mich vor das Eingangstor und ließ mich fotografieren. Das Bild sah ich mir jeden Tag an. Daraufhin wurden meine Noten an der Vorbereitungsschule immer besser. Dann, am Tag der Aufnahmeprüfung, stellte ich mir vor, wie ich am Unterricht der Azabu-Schule teilnahm. In diesem Augenblick wich alle Nervosität von mir. Ich entspannte mich und legte die Prüfung ab. Bei den einzelnen Fragen machte ich einfach die Augen zu, sah das Lehrbuch vor mir, das ich im „Schwingungsverfahren“ schnellgelesen hatte, und entnahm ihm die Antwort. Die Prüfungsergebnisse entsprachen genau dem, was ich visualisiert hatte, und mir wurde klar, wie erstaunlich das Imaginationstraining ist. Dank Imaginationstraining und Quantum Speed Reading wurde ich an der Azabu-Mittelschule, der Schule meiner Wahl, aufgenommen.

Ich bin froh, daß ich während all der Zeit das Shichida-Training gemacht habe. An den Shichida-Schulen geht man eigentlich davon aus, daß sich alles bereits beim Training im Vorschulalter entwickelt, doch in meinem Fall begann es erst während der Grundschule. Deshalb sollte niemand vorzeitig aufgeben, sondern unablässig weitermachen und dabeibleiben. Ich bin Frau Tobitani von der Kasai-Schule und meinen Eltern in höchstem Maße dankbar. Wenn ich einmal selbst Kinder habe, möchte ich auch ihnen die Shichida-Methode beibringen. Mein visualisiertes Bild davon, diesen Aufsatz allen anderen vorzulesen, werde ich im November verwirklichen.

Im Jahre 2002, zum fünfzehnjährigen Jubiläum der Shichida-Kinderakademie, haben wir dazu aufgerufen, in ganz Japan Aufsätze zum Thema „Meine Erfahrungen mit dem Shichida-Training“ schreiben und einsammeln zu lassen. Der Aufsatz, den Sie gerade gelesen haben, wurde als der beste ausgezeichnet, und im November des gleichen Jahres stand T. G. tatsächlich bei den Feierlichkeiten vor allen anderen und las ihn vor.

1

Wie das Quantum Speed Reading entstand

Nachdem er ein englischsprachiges Buch durchgeblättert hatte, stand der Zweitkläßler auf und sagte (auf japanisch): „Hey, das ist interessant!"

Sofort fragte ich: „Wieso?"

„Na, es handelt von einem Schwertfisch", antwortete er.

Das Buch war Hemingways „Der alte Mann und das Meer".

Wenn meine Schüler es können, können andere es auch

Kinder verfügen über ein breites Spektrum angeborener Fähigkeiten. Eine davon ist das sogenannte Quantum Speed Reading. Anstatt wie üblich immer nur eine Zeile zu lesen, kann man mittels QSR beim raschen Durchblättern eines Buches die daraus emanierenden Gedankenschwingungen aufnehmen und sie dann in leichte oder bildhafte Informationen umwandeln, wodurch der Inhalt sofort verstanden wird.

Einmal ließ ich meine Schulklasse ein Buch insgesamt 30 mal erst schnell, dann langsam durchblättern. Die Kinder rückten ihre Stühle dorthin, wo sie sich am entspanntesten fühlten, und begannen das Buch durchzublättern. Als sie fertig waren, setzten sie sich wieder in ihre Schulbänke. Eines der Kinder jedoch ging völlig darin auf und machte weiter, als die anderen längst wieder an ihren Plätzen saßen. Ich dachte, „Gut, ich lasse ihn einfach“, und ging zur nächsten Unterrichtseinheit über. Dann hörte ich, wie ein Stuhl über den Fußboden gezerrt wurde. Das Kind hatte sich wieder an seinen Platz gesetzt und sagte nun: „Das hat echt Spaß gemacht.“ Wenn mir die Sprache oder das Verhalten von Schülern irgendwie verändert erscheint, versuche ich in der Regel, ihnen zuzuhören. Also fragte ich das Kind: „Was gibt’s denn?“

„Ich meine, die Bilder kamen aus dem Buch heraus, und ich verstand alles“, war die Antwort, die mir dieser Grundschüler gab! Auf der Basis meiner täglichen Erfahrungen versuche ich stets, eine Theorie zu entwickeln, und zwar zu den Phänomenen, die die Kinder an den Tag legen, mit anderen Worten, zu den Fähigkeiten, die sie vorweisen können. In diesem Fall war mir sofort klar, daß bei diesem Kind die Bilderwelt des rechten Gehirns in Aktion war. Da das rechte Gehirn Informationen äußerst schnell verarbeitet, kam ich zu dem Schluß, daß sich beim Durchblättern eines Buches in Höchstgeschwindigkeit die Worte in Bilder verwandeln und als solche zutage treten.

Natürlich standen meine Schüler vor einem Rätsel und saßen überrascht vor mir. Ich beschloß, es auch mit einigen meiner anderen Schüler auszuprobieren. Wir wiederholten also obige Übung, dieses Mal allerdings mit der Erwartungshaltung, daß etwas geschehen würde. Alle machten exakt das gleiche und blätterten ein Buch durch, und erstaunlicherweise sah schließlich jedes der Kinder Bilder vor seinem geistigen Auge.

Das rechte Gehirn besitzt die Fähigkeit, Informationen so zu vermitteln, daß sie jedem verständlich sind. Dies nennt man *Resonanz.* Haben wir den Wunsch, etwas zu lernen, oder auch den Wunsch, es zu sehen, verschafft uns das rechte Gehirn diese Fähigkeit daher auf der Schwingungsebene (Quantenebene). Es war eine völlig neue Art, Bücher zu lesen, und ich beschloß, sie Quantum Speed Reading zu nennen.

Selbst fremdsprachige Bücher lassen sich mühelos lesen

Hätte ich meinen Schüler zurechtgewiesen, als er nicht mit den anderen zurück an seinen Platz gegangen war, und gesagt: „Was ist los mit dir? Du hältst den Verkehr auf!“, dann wäre das Quantum Speed Reading als praktische Anwendung wohl nie entstanden. Ich bin keineswegs der Ansicht, man sollte Kinder alles tun lassen, wonach ihnen gerade ist. Es ist aber so, daß die zentrale Fähigkeit des QSR etwas ist, das sich ganz natürlich gerade dann bei den Kindern entfaltet, wenn sie spontan sind. Hätte ich den Jungen gerügt, wäre diese Fähigkeit nie entdeckt worden.

Von diesem Moment an bildeten sich alle möglichen Begabungen heraus, und eine Zeitlang ging ich völlig darin auf, meine Schüler Bücher durchblättern zu lassen. Die Kinder empfanden das nicht als Schulunterricht. Sie sahen es vielmehr als ein Spiel an, als Zeitvertreib. Dennoch kam irgendwann der Zeitpunkt, an dem sie das Interesse verloren. Um ihre Konzentration aufzufrischen, verteilte ich unter meinen japanischen Schülern nun englische Bücher zum Schnell-Lesen. Es waren keine Bilderbücher, sondern englische Sachbücher . Die Kinder, die kein Englisch konnten, blätterten sie etwa zehnmal durch und sagten nichts. Ich dachte mir, daß diesmal wohl nichts dabei herauskommen würde. Doch schon bald sagte ein Zweitkläßler: „Hey, das ist interessant!"

Sofort fragte ich: „Wieso?"

„Na, es handelt von einem Schwertfisch", antwortete er.

Das Buch war Hemingways *Der alte Mann und das Meer.* Der Junge erzählte mir daraufhin die ganze Geschichte. Da ich dachte, er hätte das Buch vielleicht schon auf japanisch gelesen oder jemand hätte ihm die Geschichte erzählt, fragte ich: „Kennst du das Buch *Der alte Mann und das Meer*?"

„Was ist das?" war seine Antwort.

Er wußte absolut nichts über das betreffende Werk. Und da er kein Englisch lesen konnte, war es sehr merkwürdig, daß er den Inhalt überhaupt verstanden hatte.

Also fragte ich ihn: „Wie konntest du es lesen?"

Er antwortete: „Auch wenn das Buch in Englisch geschrieben ist, tauchen, sobald ich das Quantum Speed Reading anwende, aus der rechten Seite hiragana, katakana und kanji (japanische Schriftzeichen) auf, und in der Mitte ist ein Bild, und dann begreife ich alles."

Wie man die Technik des automatischen Verarbeitens erlernt

Im rechten Gehirn gibt es eine Funktion, die als *automatisches Verarbeiten* bezeichnet wird. Vielleicht gestattet diese Fähigkeit dem Geist, jede Sprache automatisch zu übersetzen, sobald die Lesegeschwindigkeit erhöht wird. Zudem gibt es die Technik, sich alles vorzustellen und alle geschriebenen Worte in Bilder umzusetzen. Die Ausübung dieser beiden Funktionen, verbunden mit der Tatsache, daß viele Kinder sie spontan entwickeln, führte dazu, daß all unsere Schüler in der Lage waren, dieses Phänomen hervorzurufen. Das Verfahren des Quantum Speed Reading machte es ihnen möglich, auch solche Bücher zu lesen, die in einer Sprache geschrieben sind, die sie nicht beherrschen, egal ob Englisch, Französisch oder Deutsch. Man kann sich das als die universale Übersetzungsfunktion eines gehirninternen Computers vorstellen.

Der Schüler, der Professor Hawking einen Brief schrieb

Etwas Interessantes geschah, als wir das Quantum Speed Reading mit dem Buch *Eine kurze Geschichte des Universums* von Stephen Hawking ausprobierten, das auf japanisch beim Kadokawa Shoten Verlag erschienen ist.

S. K., ein Zweitkläßler, sagte: „Professor Hawking hat etwas übersehen, und das muß ich ihm sagen."

Ich war ein wenig bestürzt, da ich dachte, wir müßten die Nachricht wohl auf englisch schreiben. Zu meinem Erstaunen sagte S. K., er selbst würde auf englisch sprechen. Er saß vor dem Videorekorder, stellte sich erst einmal vor und erklärte dann, daß es viele Arten von Schwarzen Löchern gebe, und obwohl andere sie nicht sehen könnten, sei er in der Lage, mit Hilfe der Imagination weit hinaus ins All zu blicken. All das brachte er in fließendem Englisch vor. Seine Einsichten wurden später in einem Zeitungsbericht bestätigt, in dem es hieß, daß tatsächlich viele Arten von Schwarzen Löchern existierten. Das erwähnte Buch ist selbst für Erwachsene recht schwer zu lesen. Der junge K. sagte: „Wenn Professor Hawking es schaffen würde, die Schwarzen Löcher nicht mehr von *hier,* sondern von *dort* zu betrachten, käme er in dieser Sache zu einer etwas anderen Sichtweise.“ Ich war wirklich erstaunt.

Der junge K. wartet nun darauf, daß Professor Hawking ihm auf folgenden Brief antwortet:

„Was ich empfand, nachdem ich *Eine kurze Geschichte des Universums* von Stephen Hawking (übersetzt von Katsuhiko Sata) im QS-Reading-Verfahren gelesen hatte.

von S. K., Schüler der zweiten Klasse der Kasai-Grundschule für Shichida-Training

Mein Name ist K. Ich denke gern über das Weltall nach und stelle mir gerne Dinge vor. Also denke ich auch über Schwarze Löcher nach. Es gibt viele Arten von Schwarzen Löchern. Auch wenn man sie nicht sieht, kann ich doch weit ins All hinausblicken, und zwar mit Hilfe meiner Imaginationsgabe. Gerade jetzt sehe ich ein Schwarzes Loch. Daß es existiert, kann man glauben oder auch nicht, aber ich kann das blaue Schwarze Loch tatsächlich sehen. Ich denke, dieses blaue Schwarze Loch kann andere Schwarze Löcher in sich aufsaugen und auffressen. Ich denke nicht gern an den Zeitpunkt, wenn sich die beiden Schwarzen Löcher begegnen, weil sie dann zu einem großen Schwarzen Loch werden.

Eine Sache aber gibt es, die ich an den Schwarzen Löchern mag. Wenn ein Schwarzes Loch geboren wird, hat es in der Mitte einen Pol. Und die Farbe dieses Pols gefällt mir. Mir erscheint sie weißlila. Und es gefällt mir, wie die Sterne einen Bogen um das Schwarze Loch machen, weil das Schwarze Loch alles in sich aufsaugen kann. Die Sterne werden zusammen einen Ring bilden, einen wunderschönen Ring. Und ich mag diesen Ring; ich wünschte, die Sterne wären Diamanten, damit ein bunter Ring daraus entstünde. Ich hasse es, an das Schwarze Loch zu denken, wie es sich der Erde nähert. Denken Sie auch nicht gern daran? Ich weiß es, denn ich sehe gute Bilder. Es ist, als wäre auf meinem Kopf eine Antenne."

Die Wahrnehmung von Geräuschen und Gerüchen aus einem Buch

Wir Erwachsene gehen im täglichen Leben mit Sprache auf eine Weise um, die vom Linkshirn gesteuert ist. Anders ausgedrückt: Wir bedienen uns nur selten der Bilderwelt des rechten Gehirns. Beim Shichida-Training legen wir großen Wert darauf, das rechte Gehirn weiter zu aktivieren. Um diese Technik zu verstehen, müssen Erwachsene erst einmal das „Kästchen" des Linkshirn-Denkens verlassen. Kinder dagegen bedienen sich auf eine ganz natürliche Weise der Bildersprache des rechten Gehirns, um zahlreiche Fähigkeiten zu entwickeln.

Das Lesen fremdsprachiger Bücher aus unserer Bibliothek praktizierten wir mit den Kindern im QSR-Verfahren als eine Art Spiel. Dabei fiel uns ein Kind auf, das beim Blättern sein Ohr dicht an das Buch hielt. Aus einem Linkshirn-Blickwinkel erscheint das unsinnig. Ich fragte das Kind, was es mache, und der Junge antwortete: „Auf diese Weise kann ich Geräusche hören."

Wenn man ein Buch dicht neben dem Ohr durchblättert, werden mit Hilfe der QSR-Methode Geräusche hörbar, die eigentlich nicht wahrzunehmen sind. Um ein konkretes Beispiel zu geben: Ein Schüler erzählte, er höre das Knallen eines Gewehrschusses, der auf einen Bären abgegeben wurde, dann das Platschen, als der Bär ins Meer fiel. Andere Kinder, die ihre Bücher beim Umblättern an die Nase hielten, konnten Gerüche wie brennenden Reis, eine eingelegte Pflaume oder getrockneten Fisch wahrnehmen. Bei Geschichten, in denen jemand ins Meer fiel, sagten die Kinder mit Stimmen, als hätten sie verstopfte Nasen: „Es ist so kalt!" Demnach – so schien es – machten sie die Erfahrung, in Echtzeit am gleichen Ort wie im Buch beschrieben zu sein.

Anscheinend kommt es durch die Stimulation des rechten Gehirns und seiner nicht aufs Körperliche gründenden Sinnesorgane zu einer allgemeinen Mobilisierung ihrer Tätigkeit. Mit anderen Worten: Das rechte Gehirn nimmt Dinge wahr, ohne sich dabei der physischen Wahrnehmungsorgane, die das linke Gehirn nutzen würde, zu bedienen.

Auch Lehrbücher sind leicht einzuprägen

Als wir überlegten, wie man diese Fähigkeit anwenden könnte, gelangten wir unweigerlich zu der Idee, sie in Schulen als Lernhilfe einzusetzen. Mit diesem Hintergedanken ließen wir die Kinder Lehrbücher durchblättern, und sie waren von den Resultaten verblüfft. Hatten sie Arithmetik-Lehrbücher durchgeblättert, sprudelten die Lösungen förmlich aus ihnen hervor. Überdies kamen nicht nur die richtigen Antworten; sie machten auch Fortschritte mit ihren Gleichungen, da die Lösung der Testfragen die verwendete Methode erforderlich machte. Wieder einmal war die automatische Verarbeitungsfunktion des hirneigenen Computers am Werk. Ich glaube, mit dieser Funktion erkennt man den Gesamtzusammenhang, und ich begriff in diesem Fall, daß eine Mathematikaufgabe in Textform als Teil der Antwort eine Gleichung notwendig macht.

Als nächstes versuchten wir, Lehrbücher durchzublättern, die sich mit der japanischen Sprache befassen. Wir entdeckten, daß in poetischen Abschnitten Bilder von fliegenden Schmetterlingen auftauchten, dazu eine große Vielfalt an weiteren Bildern.

Nach einer Weile dachte ich darüber nach, ob sich die Kinder beim Durchblättern vielleicht Text einprägten. Als ich sie danach fragte, sagten sie, sie wüßten nicht, ob es so sei oder nicht. Als wir es nachprüften, fanden wir heraus, daß sie über den gesamten Buchinhalt Bescheid wußten. Ich war schockiert. Wie kam es, daß sie sich durch bloßes Durchblättern eines Buches den gesamten Inhalt einprägen und auch wiedergeben konnten?

Wie Farben den Verständnisgrad anzeigen

Als wir mit dieser Art von Unterricht fortfuhren, sahen die Schüler beim Durchblättern Farben. In all den Jahren, die wir dieser Sache widmeten, kamen zahlreiche Versuchswerte zusammen. Zum Beispiel erschienen manchmal die sieben Regenbogenfarben, manchmal Streifenmuster oder nur einzelne Farben. Anscheinend besteht ein Zusammenhang zwischen einem niedrigen Verständnisgrad und den Farben Rot, Gelb und Orange. Erscheinen die Farben Grün, Blau, Violett und Indigo, ist der Verständnisgrad höher; der Inhalt wird somit besser verstanden. Erscheint Rot, verstehen die Kinder den Inhalt deshalb nicht, weil sie über das Thema nie etwas gelernt haben. Und Weiß zeigt an, daß sie den Inhalt instinktiv verstehen, egal ob sie ihn zuvor jemals gelernt haben oder nicht.

Auf diese Weise wurde mir klar, daß zwischen dem Verständnisgrad und den auftauchenden Farben ein enger Zusammenhang besteht. Sowohl Grün als auch Blau kennzeichnen Verständnis, obwohl letztere Farbe eine höhere Art des Begreifens signalisiert. Orange bedeutet Nichtverstehen. Rottöne weisen ebenfalls auf ein Nichtverstehen hin, in diesem Fall aber, weil der Inhalt zuvor nie gelernt wurde, während Gelb bedeutet, daß er schwer zu verstehen ist.

Die Farben scheinen sich fächerförmig über die Seiten zu erstrekken, die umgeblättert werden. Es ist keineswegs das Cover oder eine Abbildung im Buch, die sich dabei widerspiegeln. Und will man die Farben verändern, so kann man dies. Gelegentlich werden Streifen oder Rot und Gelb gleichzeitig gesehen. Dies geschieht, wenn die Kinder den Inhalt zwar „lesen“, ihn aber nicht wirklich verstehen.

Die Farbe, die aus dem Buch kommt, zeigt den Grad des Verstehens an.

Farbe	***Verständnisgrad***
Weiß	die Fähigkeit, zu verstehen, ohne das Thema vorher gelernt zu haben
Violett	wird verstanden
Indigo	wird verstanden
Blau	wird verstanden
Grün	wird verstanden
Gelb	wird (zum Teil) nicht verstanden
Orange	wird nicht verstanden
Rot	wird nicht verstanden, weil das Thema zuvor nicht gelernt wurde

Züge sehen mit Hilfe eines Fahrplans

Die nächste Übung, an der wir uns versuchten, galt der Lektüre von spezielleren Texten. Wir benutzten dazu einen Zugfahrplan. Da sich auf dem Cover ein Foto befand, verbanden wir den Kindern die Augen oder deckten das Cover mit einem Gegenstand ab, damit sie es nicht sehen konnten. Dann blätterten sie das Buch durch. Danach sagten sie Dinge wie: „Ich sehe den D-Zug", „Ich sehe Eisenbahnschienen", „Ich sehe einen Bahnhof", „Ich sehe eine Landschaft" oder „Ich sehe eine Reihe aus vielen Zahlen". Bei Zugfahrplänen geht es ja nicht darum, den Inhalt, d. h. die Abfahrts- und Ankunftszeiten der Züge, zu verstehen. In unserem Fall werden die Zahlenkolonnen unmittelbar in Zielorte oder Bahnstrecken umgewandelt.

Als nächstes hatten wir die Idee, Planskizzen durchblättern zu lassen, um zu sehen, ob etwas sichtbar würde, obwohl die Skizzen nichts wirklich Greifbares zeigten. Dazu benutzten wir den Testbogen der Architekten-Prüfung für das zweite Examen. Darauf waren nur Entwurfszeichnungen zu sehen, was uns besonders interessant schien. Wir machten uns ans Werk, und die Kinder sahen fertige Holzhäuser. Erst im nachhinein erfuhren wir, daß die Architekten vor dem zweiten Examen für ihre Häuserkonstruktionen keinen Beton, sondern ausschließlich Holz verwenden dürfen. In unserem Fall traten die Bilder mit einer bis ins Detail genauen Präzision hervor.

Um diese Übung noch zu übertrumpfen, wählten wir zum Durchblättern als nächstes Partituren verschiedener Musikstücke, und die Kinder hörten die Musik! Wir versuchten es auch mit Lehrbüchern fürs Gymnasium zu den Themen Differentialrechnung und Physik. Die Kinder erzählten, daß aus Teilen des Buch-Inneren die Farbe Rot hervortrete. In anderen Worten: Sie konnten die Passagen nicht verstehen, weil sie den Stoff nie zuvor gelernt hatten. Dagegen erblickten sie beim Abschnitt über die vier Arithmetik-Regeln ein Blau, da sie diese Rechenarten bereits durchgenommen hatten. Durch solche Übungen entdeckten wir, daß Rot- und Blautöne jeweils unterschiedlichen Verständnisgraden entsprechen.

Ein neues Konzept entsteht

Eines Tages besuchte ein Zeitungsredakteur unsere Klasse, der über unsere Fortschritte berichten wollte. Obwohl er etwas Grundwissen zum Thema Quantum Speed Reading mitbrachte, wurden seine Augen immer größer, als er sah, wie die Kinder im Klassenzimmer tatsächlich Schnellese-Übungen ausführten, deren Resultate man normalerweise als Zauberei betrachten würde.

Er fragte uns, wie all das möglich sei. Ich antwortete, es sei vorstellbar, daß das Gehirn über eine Funktion verfügt, die automatisch wortgestützte Sprachinformationen aufnehmen und in Bilder umwandeln könne. Außerdem erklärte ich ihm, wie sich verschiedene Grade des Verstehens durch den Wechsel der dabei empfangenen Farben messen ließen. Wenn es aber nur darum ginge, fügte ich hinzu, hätten wir es lediglich mit einem Phänomen zu tun. Was mich allerdings beschäftigte, war die Frage, ob sich dieser Ansatz im Sinne einer Methode des Lernens über das rechte Gehirn nutzen ließe, und ob eine Veränderung der Farben, die ja den Grad des Verstehens anzeigen, auch den Verständnislevel selbst verändern könnte.

Diese Überlegung war der Ausgangspunkt für unsere anschließenden Versuche. Tauchten beim Durchblättern der Lehrbücher Farben wie Rot, Orange und Gelb auf, die einen niedrigen Verständnislevel kennzeichnen, schlossen die Kinder ihre Augen und benutzten ihre Vorstellungskraft dazu, diese Farben in Grün, Blau und Violett umzuwandeln (welche einem hohen Verständnisgrad entsprechen). Öffneten sie danach die Augen, hatten die Farben sich tatsächlich in Grün, Blau und Violett verwandelt. Dann bemerkten sie, daß sie nun auch Lernstoff, der ihnen bis dahin unverständlich war, begreifen konnten. Wenn das rechte Gehirn auf diese Weise mittels Geschwindigkeit aktiviert wird, so gestattet dessen Übersetzungsfunktion den Kindern vermutlich, auch solchen Stoff zu verstehen. Von grundlegender Wichtigkeit ist dabei letztlich das Tempo. Denn durch ein erhöhtes Tempo läßt sich diese Fähigkeit und Gehirnfunktionsweise erlangen.

Ein Gefühl von Einheit wird erzeugt

Beim Unterricht lassen wir die Kinder rund um einen Bücherstapel herum Platz nehmen, der mitten auf dem Fußboden liegt. Während des QSR-Lernprozesses gehen die Kinder rücksichtsvoll und liebevoll miteinander um. Es ist keine Übertreibung, wenn ich sage, daß ihre individuellen Energien eins werden. Wenn sie die Bücher nach dem Unterricht wegräumen, achten sie stets darauf, sie in den Korb zu sortieren, in dem sie aufbewahrt werden. Für sie haben die Bücher inzwischen ein wichtiges *Eigenleben*, so wie sie selbst. Dahinter verbirgt sich sicher mehr als eine Beteiligung des rechten Gehirns; es handelt sich wohl um eine Stimulation des Zwischenhirns selbst. Ich glaube, daß der eigentliche Kern unseres Menschseins von einem so fundamentalen Gehirnbereich bestimmt wird.

Quantum Speed Reading macht Kinder zu Dichtern

Gelegentlich kommt es vor, daß Kinder, die Quantum Speed Reading erlernt haben, auf einem höheren Niveau schreiben, als man ihnen zutraut. Ein Erstkläßler schrieb aus dem Stegreif folgende Sätze auf ein Blatt Briefpapier:

„Wer weiß, vielleicht übertragen wir auch geistige Energie. Und dann wird der Geist der Menschen vielleicht zur Telepathie fähig. Wenn das geschieht, wird es wunderschön auf der Erde, oder? Dann werden Erde und Kosmos sich verbinden, und wäre das nicht gut für die Natur? Und dann kommen vielleicht alle Menschen wirklich gut miteinander aus. Wir werden etwas für das *Leben* tun können. Ja, ganz bestimmt!"

Kinder, die QSR erlernen, erfinden auch emotionsgeladene Märchen. Das folgende schrieb ein Schüler der dritten Klasse:

Ich, der Kirschbaum

In dieser langen Reihe von Kirschbäumen bin ich der einzige, der nicht blüht. Das riesige Gebäude da drüben hält die Sonne von mir fern, und so bin ich der einzige, der kein Licht abbekommt. Ich armer kleiner Baum, ich blühe nicht. Keiner beachtet mich, weder die anderen Bäume, noch die Menschen.

Eines Tages aber sagte die kleine Akura, die immer diese Straße entlang läuft: „Hey, ich laufe immer diese Straße entlang, und immer ist dieser Kirschbaum betrübt." Die kleine Akura war drei Jahre alt....

Ich hatte das Gefühl, sie war es, die mir immer sagte, ich sei betrübt.

Am nächsten Tag sagte sie: „Kirschbaum, du siehst heute schon wieder so betrübt aus. Ist da etwas, das dich quält? Oder ist jemand gemein zu dir? Oder ist irgend etwas anderes?“

Ich antwortete: „Es ist genug, du kleine Akura!“ Die kleine Akura machte sich Sorgen um mich.

Dann kam der nächste Tag. Ich sagte zu der kleinen Akura: „Hey, kleine Akura, was soll ich tun, damit man mich akzeptiert?“

Die kleine Akura schien meine Worte zu hören. „Hmmm, was könnten wir denn machen, damit du als Kirschbaum akzeptiert wirst? Ich weiß es! Wie wär’s, wenn du tapfer bist, egal was geschieht? Wichtig ist, etwas zu tun und es nicht nur zu wissen. Selbst wenn du es nicht ganz tun kannst, versuche wenigstens ein Prozent davon!“

Die kleine Akura hatte mich etwas Wichtiges gelehrt: Selbst wenn du etwas nicht ganz tun kannst, versuche einfach ein Prozent davon.... „Danke, kleine Akura. Ich danke dir, Akura, es geht mir besser.“

„Ja! Das ist super. Tschüß, Kirschbaum!“ Das Lächeln wollte nicht mehr aus dem Gesicht der kleinen Akura weichen.

Am nächsten Tag hörte ich, daß der Wind sanft blies und Blüten von den anderen Kirschbäumen fielen. Ich hatte noch nicht einmal geblüht. Dann kam die kleine Akura wieder vorbei. „Ach, du bist es, Kirschbaum. Hast du schon geblüht? Sieht nicht so aus, Kirschbaum.“

„Ja, das stimmt. Ich nicht. Noch nicht.“

„Das ist schon okay, Kirschbaum. Sieh es von der guten Seite“, sagte sie.

„Ja, okay“, sagte ich. Zwei Wochen später hatte ich noch immer nicht geblüht. Die anderen Kirschbäume waren alle schon mit dem Blühen fertig, und fast alle ihre Blüten waren wieder verschwunden. Bald würde die kleine Akura wieder hier vorbeikommen. Gerade als ich daran dachte, fühlte mein Körper sich schwer an, und Licht ging von mir aus. Was geschah da? Wow! Eine Knospe platzte auf. Eine nach der anderen platzten nun alle Knospen auf, wie es sich gehörte. Ich fragte mich, ob die kleine Akura vorbeikommen würde.

Doch an jenem Tag war die kleine Akura auf einem Ausflug und zeigte sich nicht. Zwei Tage später kam die kleine Akura wieder. Sie wird hier vorbeikommen, genau hier! Ich wartete, vor Aufregung zitternd. Aber an diesem Tag schenkte mir die kleine Akura gar keine Beachtung. Und da ... fielen – eine nach der anderen – alle Blüten von mir ab.

„Hey, Kirschbaum!“ rief die kleine Akura.

„Kirschbaum?“ fragte Akuras Mutter und schüttelte den Kopf.

Und dann sagte ein alter Mann, der die Straße entlang lief und den Kopf schüttelte: „Was ist das? Ein Kirschbaum?“ Da sammelte sich ein ganzer Menschenauflauf um mich. An diesem Tag war ich glücklich, so richtig glücklich.

Quantum Speed Reading macht das menschliche Herz empfindsamer, wie diese Geschichte zeigt. In die Rolle eines Baumes schlüpfen und darüber schreiben zu können, ist genauso, als würde man eine Botschaft direkt vom Baum empfangen. Dies ist ein weiterer Aspekt von QSR. Man könnte sagen, die Gedanken und Gefühle eines echten Kirschbaums wurden auf der Quanten-Ebene aufgenommen und in Worte gekleidet.

Mit diesem Kapitel wurde gezeigt, wie QSR sich auf grundlegender Ebene anwenden läßt, so etwa beim Testen von Schülervorbereitung und Schulbildung. Es wäre gut vorstellbar, QSR auch bei autistischen oder anderweitig gehandikapten Kindern einzusetzen. Wir haben also eine Unterrichtstechnik mit grenzenlosen Anwendungsmöglichkeiten entdeckt und ausgebaut.

2

Quantum Speed Reading hilft bei Prüfungen

Es besteht die Gefahr, daß das Lernen eine Welt von linkshirnbetonten Schülern schafft, die es beherrschen, und rechtshirnbetonten Schülern, die es nicht beherrschen.

Falls es stimmt, daß QSR uns in Verbindung mit einem tieferen Wesensteil bringt, dann sollte es uns auch dazu befähigen, die Zukunft wahrzunehmen. An diesem Punkt unserer Arbeit setzten wir QSR dazu ein, für jeden unserer Schüler die richtige Schule zu imaginieren. Wir fragten, welche Schule sich für jeden am besten eigne, um ihn zu einem nützlichen Mitglied der Gesellschaft zu machen und aufs Leben vorzubereiten. Nehmen wir das Beispiel des bereits in der Einführung erwähnten T. G.: Er besuchte die fünfte Klasse, als er nach wöchentlichem QSR-Training in seinen eigenen Bildern immer wieder genau die gleiche Schule zu sehen begann. Er sah sich selbst, wie er auf dem Schulcampus herumlief, auf dem Pausenhof Fußball spielte und in der Schulbibliothek lernte. Weder ein Name noch eine Ortsbestimmung der Schule begleiteten diese Bilder. Es stellte sich heraus, daß es sich um die Azabu-Mittelschule handelte. Sie ist eine der drei angesehensten höheren Schulen in Japan, und um dort aufgenommen zu werden, bedarf es beachtlicher akademischer Fertigkeiten. T. G. jedoch sprach man die Fähigkeit dazu ab. Daraufhin ereignete sich etwas Interessantes.

T. G.'s Noten wurden besser und verhalfen ihm zu einer zweistelligen Rangnummer auf der Bewerberliste, etwa um die 18 oder 20, dann rückte er vor zu den „Einstelligen". Es lag nicht daran, daß er plötzlich mehr gelernt hätte. Als das Gefühl „Ich schaffe es auf die Azabu" die tieferen Schichten seines Gehirns durchdrang, kam es wohl zu einer qualitativen Veränderung seiner Hirnfunktion.

Ich glaube, daß sich einschneidende Veränderungen vollzogen, als die Information hinsichtlich der Azabu-Schule sein Zwischenhirn erreichte oder damit irgendwie auf gleicher Ebene schwang. Anders gesagt: Als die Worte „Du gehst auf die Azabu!" das Innerste seines Zwischenhirns durchdrangen, kam es zu einem Gleichklang, der diese Möglichkeit in die Realität überführte. Es ist wie beim Othello-Brettspiel, bei dem durch eine einzige Bewegung plötzlich alles auf dem Kopf steht. Bei T. G. war das Ergebnis eine bessere Koordination zwischen rechtem und linkem Gehirn, die es ihm gestattete, seinen Notenschnitt mit jeder Prüfung zu verbessern, so daß er schließlich an der Azabu-Mittelschule aufgenommen wurde.

Plötzliche Notenverbesserung durch Gemeinschaftsenergie

Auf die Frage, ob jeder erreichen könne, was T. G. möglich war, muß gesagt werden, daß es dabei so etwas wie eine Voraussetzung gibt. Denn damit es im Zwischenhirn, das sich im Hirnstamm befindet, zu einer solchen Resonanz kommen kann, scheint das Vorhandensein gemeinschaftlicher Gefühle wie Freundlichkeit, Liebe und Frieden notwendig. Diese Art Fähigkeit erfordert eine Schwingung von Gemeinschaftsgefühl, die das Zwischenhirn aktiviert und die wir ursprünglich alle besaßen. Nur dann scheint eine Verbindung zustande zu kommen, und spezielle Fertigkeiten manifestieren sich zum ersten Mal. Dies ist der wichtigste Punkt, den man sich merken sollte. Nur zu oft geschieht es, daß schulischer Erfolg zum Wettbewerb wird. Dies ist eine an sich völlig vom linken Gehirn geprägte Ausrichtung. Nur Gefühle von Liebe und Gemeinschaft können die Resonanz erzeugen, die jene großartige Fähigkeit bewirkt.

Um zu den Aufnahmeprüfungen zurückzukommen: Der erste Schritt für T. G. bestand darin, einen auf japanisch geschriebenen Text durchzublättern, was zum Auftauchen der Farbe Orange führte. Bei Arithmetik waren es die Farben Grün und Blau. Bei Physik zeigte sich die Farbe Gelb. Wir machten weiterhin täglich Aufzeichnungen. Uns fiel auf, daß sich ab einem gewissen Punkt – trotz der anfänglichen Häufigkeit von Orange- und Gelbtönen – die Farben veränderten und sich sein Begriffsvermögen verbesserte. Fast alle Farben verwandelten sich in Blau- und Grüntöne.

Kürzlich berichtete einer unserer Sechstkläßler, er lerne nur eine Stunde pro Tag, und das, obwohl die Aufnahmeprüfungen immer näher rückten. Irgendwann rutschten seine Noten dann von den oberen Zehn in den nächstunteren Rang. Er meinte, das läge daran, daß seine Mitschüler damit begonnen hätten, täglich drei bis vier Stunden zu lernen. Als nun T. G. ebenso fleißig lernte und seine Noten bis auf den zweiten Platz verbessern konnte, beschlich unseren Sechstkläßler vermutlich das Gefühl, abgehängt worden zu sein; er verlor seine Fähigkeit zur Resonanz und fiel hinter die anderen zurück.

Die Prüfung der Azabu-Mittelschule mit einer völlig neuen Lernmethode bestehen

In den Monaten zwischen März und Februar des folgenden Schuljahres führte ich Buch darüber, wie wir uns mit Hilfe unseres QSR-Unterrichts auf die im Februar anstehenden Aufnahmeprüfungen für die höhere Schule vorbereiteten. Wir hatten wöchentlich eine 50minütige Vorbereitungsstunde, während der wir fünf Minuten dem QSR-Training widmeten. Als wir den Lehrstoff durchblätterten, bediente sich unser rechtes Gehirn seiner Sinne, um das jeweilige Lernthema zu erfassen. Anschließend griffen wir auf das Imaginationstraining zurück, um die Schüler auf die Textinhalte einzustimmen.

So hieß es zum Beispiel in einem japanischsprachigen Text: „Lies die Sätze, als hättest du ihren Inhalt selbst erfahren.“ Um nun die Fragen beantworten zu können, wurde zuerst ein Bild von einer Geschichte benutzt; funktionierte das nicht, schlüpften die Schüler selbst in die Geschichte und brachten die Gefühle zu Papier, die sie dabei empfanden. Danach lasen sie die geschriebenen Sätze, um nach den Antworten zu suchen, sie zu unterstreichen und in die Leerstellen hinter den Fragen einzutragen. Sie erhielten sogar die Anweisung, ganz genau auf die besonders schweren Fragen zu achten, um die Antworten besser verstehen zu können. Faktisch entspricht dies einem Lernen mit dem linken Gehirn. Wenn man aber die Vorstellungskraft dazu nutzt, sich in eine bestimmte Lage zu versetzen, kann man sich in einem hohen Maße der einzigartigen Sensitivität des rechten Gehirns bedienen. Wir sehen also, daß es sich in unserem Fall um ein Lernen mit dem linken Gehirn unter Einbeziehung von Rechtshirn-Komponenten handelt. Bei den arithmetischen Fragestellungen schrieben die Schüler die ungelösten Aufgaben in ihre Notizbücher und empfingen später eine Mitteilung, wie die einzelnen Aufgaben zu lösen seien.

Zudem gab es weitere Mitteilungen wie: „Wenn du genau zuhörst, was der Lehrer dazu sagt, kannst du die Antworten finden“, oder „Du kannst Aufgaben lösen, die dieser ganz ähnlich sind“. Folgten die Schüler exakt den Mitteilungen, stellten sich blaue Farbtöne ein.

Da Physik um einiges schwieriger war, machten sich häufig Rottöne bemerkbar. Hierzu erhielten wir die Anweisung: „Benutzt nicht nur euer Gedächtnis, sondern wendet auch Arithmetik an, um auf die Lösung zu kommen; erinnert euch mit Hilfe eurer Vorstellungskraft an Sterne und überprüft eure Berechnungen.“

Die Shichida-Methode kennt eine Technik, wie man sich Dinge merken kann mit Hilfe eines Wissenschafts- und Soziologie-Songs. Diese Technik nennt man die *Shichida Memorierungs-Methode.* Sie führt dazu, daß sich alle Farben in Blau verwandeln. Genau das ist es, was man von einer Rechtshirn-Technik erwartet.

Das Fach Soziologie läßt sich mit Hilfe dieser Methode erlernen. Selbst wenn die Schüler meinten, sie hätten alle Informationen völlig erfaßt, so wurden doch gewisse Teile wieder vergessen, und folglich zeigte sich die Farbe Orange. Im Zuge dessen machten wir also von der Bilder-Memorierungs-Methode Gebrauch. Die Schüler nahmen sich den Text mit Hilfe von QSR vor und lösten Aufgaben, die ihrem Wesen nach ähnlich waren. An diesem Punkt traten Gelbtöne in Erscheinung.

Auch geographische und geschichtliche Fakten lassen sich mit Hilfe von Vorstellungsbildern einprägen. Die Technik, mit der man sich berühmte historische Persönlichkeiten merken kann, ist interessant. Erst erschafft man ein Bild des historischen Schauplatzes, dann wird man selbst zur betreffenden Figur in der betreffenden geschichtlichen Ära. Ein Beispiel: Willst du dich an Fakten über Ieyasu Tokugawa (Japans erster Shogun im 17. Jahrhundert) erinnern, dann werde selbst zu Ieyasu Tokugawa. Überschreite die Grenzen von Raum und Zeit. Wage dich vor in diese geschichtliche Epoche, um Ieyasu Tokugawa zu werden, und umgib dich mit den entsprechenden Menschen und Landschaften, indem du all das um dich siehst. Mit dieser Memorierungstechnik wirst du dich an die Jahreszahl und an den Namen der historischen Gestalt erinnern. Dies ist eine völlig neue Art zu lernen.

Die drei Grundpfeiler des Lernens mit dem rechten Gehirn

Als wir auf diese Weise kontinuierlich weiterlernten, pflegte während des Japanisch-Unterrichts die Farbe Grün in Erscheinung zu treten. Wir beantworteten Fragesätze und merkten uns Wörter und Redewendungen in Kanji-Schriftzeichen. In Arithmetik galt es, viele neue Dinge zu lernen, also vermittelte der Lehrer unseren Schülern die QSR-Methode zur Aufgabenlösung. Es traten Gelbtöne in Erscheinung, die mittels Vorstellungskraft in Blau umgewandelt wurden. Im Physikunterricht fiel das Antworten in jenen Bereichen leicht, die bereits durchgenommen worden waren, so daß die Farbe Blau kam. Um nun zu vermeiden, daß beim Lernen etwas übersehen wurde, gingen wir den Stoff später noch einmal durch. Da wir beim Soziologie-Lernen den Stoff bereits im Gedächtnis verankert hatten, kam die Farbe Blau. Neuen Stoff prägten sich die Schüler mit Hilfe der Memorierungs-Methode ein.

Bis November bestand für alle Schüler der Schwerpunkt darin, für die Prüfungen zu lernen sowie frühere Aufgaben erneut in Angriff zu nehmen und zu lösen. Außerdem gingen wir die Lehrbücher noch einmal durch und bedienten uns dabei des Imaginierens, um einen besseren Weg der Wissensaneignung zu finden. Bis Dezember verlagerte sich der Schwerpunkt auf das Lösen praktischer Aufgaben. Zugleich sahen wir uns die Aufgaben der letzten fünf Jahre an und bereiteten uns auf die Prüfungen im Januar vor. Da die Schüler im Januar recht angespannt waren, kam es zu einer gewissen Instabilität, doch bis Februar war die Anspannung verschwunden, und es gelang uns schließlich, die praktischen Aufnahmeprüfungen für die Azabu-Mittelschule zu 100 Prozent erfolgreich zu bestehen. Im April kam es zur Zulassung.

Wir können aus diesen Ergebnissen folgern, daß das für das Lernen und die Aufnahmeprüfungen notwendige Training des rechten Gehirns auf drei wichtigen Pfeilern ruht: 1. QSR, 2. Bildertraining und 3. das Memorieren. Ferner zeigt sich ein kausaler Zusammenhang zwischen den Farben, die aus dem Lehrbuch auftauchen, und dem Verständnisgrad der Schüler. Die Plazierungen in den Schulranglisten korrelieren mit den Farben, die sich jeweils einstellen.

Wie man alle drei Teile des Gehirns zwanglos nutzt, um natürlich zu leben

Als nächstes wollen wir darüber sprechen, wie man mit seinem inneren Selbst kommuniziert. Das Vordringen in die tieferen Schichten des Zwischenhirns befähigt unsere Schüler nicht nur dazu, selbst entscheiden zu können, welche höhere Schule am besten zu ihnen paßt,

Die drei Pfeiler

- QSR
- Bilderwelt
- Einprägung ins (Langzeit-)Gedächtnis

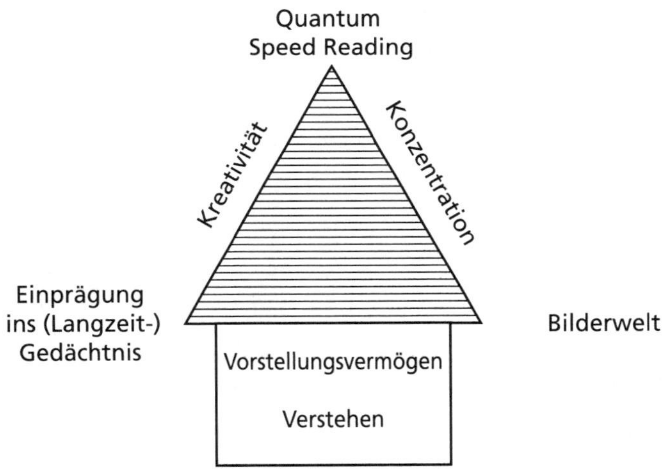

Mühelos die Verbindung zur linken Gehirnhälfte herstellen

sondern sich auch einer Lernmethode zu bedienen, mit der sie dieses Ziel erreichen können. Wie aus obiger Illustration ersichtlich wird, läßt sich unser Gehirn in drei Bereiche unterteilen: den Neokortex (Primatenhirn), den Archikortex oder alten Kortex (Säugetierhirn) sowie den Hirnstamm (Reptilienkomplex). Alle drei Bereiche sollten restlos ausgeschöpft werden. Wären wir jedoch in den Grenzen des üblichen Linkshirn-Lernens verblieben, wäre nichts von dem, was wir bisher beschrieben haben, möglich geworden.

Sich dieses dreiteiligen Gehirnaufbaus in vollem Umfang zu bedienen, entspricht unserer natürlichen Art zu leben und ist meiner Meinung nach eine nützliche Ausrichtung sowohl für Erwachsene als auch für Kinder. Bis heute ist es das linke Gehirn, das bei unserer persönlichen Entwicklung dominiert. Es ist dessen logische Funktion, die sich sprachlich entfaltet, Sätze schreibt und Rechenaufgaben löst. Und natürlich ist eine solche Befähigung unentbehrlich. Es wäre vollkommen irrelevant, in welchem Umfang wir die Imaginationsgabe des rechten Gehirns nutzten, wenn es nicht auch das linke Gehirn gäbe, das uns dazu befähigt, unsere Erfahrungen folgerichtig auszudrücken; wir hätten keine Möglichkeit, all dies zu kommunizieren. Unglücklicherweise gründet unser Bildungssystem darauf, den Gedanken eine konkrete Form zu geben; somit schließt es jegliche Stärkung der Rechtshirn-Fähigkeiten aus.

Globaler gesagt: Personen, die bereits ihre Linkshirn-Fertigkeiten ausgebildet haben, sollten ihr Möglichstes versuchen, auch das rechte Gehirn zu entwickeln. Es bringt große Erfüllung mit sich, alle Teile des Gehirns voll einzusetzen, wozu linkes und rechtes Gehirn ebenso zählen wie das Zwischenhirn. Für kleinere Kinder, deren Gehirn noch nicht voll ausgebildet ist, ist es schädlich, ausschließlich in die Denkmuster des linken Gehirns eingemauert zu werden. Für sie ist es offenkundig förderlich, den natürlichen Daseinszustand auszubilden, bevor unser Linkshirn-System sie vereinnahmt.

Spaß am Studieren ist der Schlüssel zum Lernen

Voll Überzeugung sage ich meinen Schülern, es gebe absolut keinen Grund, warum Lernen mühevolle Quälerei sein sollte. Ich ermutige sie, sich zu entspannen und zu lernen, wie man Spaß am Lernen hat. Und ich erkläre, daß ich es ihnen beibringen werde. Beim Lernen sollte man nicht nur eigennützige Absichten hegen. Der junge T. G.

sagte etwas Bemerkenswertes: „Ich muß wirklich meine ganze Nervenenergie einsetzen, wenn ich versuche, Quantum Speed Reading auszuüben, um die Energie der Lehrbücher zu spüren." Er sagte, es sei dagegen wirklich einfach und entspannend, QSR bei Unterhaltungsliteratur anzuwenden, und es sei nicht notwendig, die Quanteninformation gewaltsam zum Fließen zu bringen.

Ich habe bereits erwähnt, daß der Schwierigkeitsgrad beim Verstehen einer Sache auch mit der Einteilung in Farben verknüpft ist. Verschiedene Farben, deren subtile Unterschiede vom Lernstoff abhängen, strömen sanft aus den Büchern. Um T. G. erneut als Beispiel zu bemühen: Er dachte, er täte sich extrem schwer mit arithmetischen Verhältnisaufgaben. Entgegen seinen Erwartungen jedoch erschien die Farbe Grün, als er eine solche Aufgabe löste. Plötzlich erkannte er, daß er in Wirklichkeit ein Talent für Verhältnisaufgaben hatte. Dies war für ihn Anlaß dafür, fortan Verhältnisaufgaben mit Freude in Angriff zu nehmen, und er wurde wirklich sehr gut darin.

Das vorangegangene Beispiel zeigt, welcher Zwiespalt zwischen dem alltäglichen Linkshirn-Denken und dem eigentlich wichtigen unterbewußten Geist bestehen kann. Anders gesagt: Durch die Anwendung von Rechtshirn-Lerntechniken können wir deutlich erkennen, auf welchen Lerngebieten wir schwach sind und wo wir folglich unseren Lerneinsatz erhöhen müssen.

3

Der praktische Nutzen von Quantum Speed Reading

Da ich dachte, ich hätte es mir nur eingebildet, machte ich mich bereit zum Aufbruch. Da hörte ich es wieder: „Bring mich nach Hause!" Das ist wirklich seltsam, dachte ich. Ich sah mich um, und da stand dieser Blumentopf, den ich zuvor mitgenommen hatte.

Stärkung der Individualität durch positive Suggestion

Für die Grundschüler der Shichida-Schulen dauert eine Unterrichtseinheit 90 Minuten. Die erste Übung steht unter dem Motto *Zeit zum Entspannen.* Wir beginnen die Schulstunden, indem wir Streß abbauen und gleichzeitig sowohl den Motor als auch die sensorischen Abschnitte des Gehirns stimulieren. Die Kinder balancieren mit verbundenen Augen auf Schwebebalken und machen Laufspiele. Dann legen sie sich auf die Seite zu den Tiefatmungsübungen, die sie offener für Suggestionen machen. Ich glaube, diese Suggestibilität ist von großer Wichtigkeit.

Ein Beispiel für positive Verstärkung oder Suggestion ist: „Ihr seid alle echt großartig, seid einfach so, wie ihr seid", gefolgt von „Ihr müßt nichts so tun, wie alle anderen es tun; eure eigene Vorgehensweise ist genau die richtige." Es geht nicht darum, mit anderen in Konkurrenz zu treten, sondern darum, die ganz eigene Art und Weise des Tuns zu entdecken und es danach einfach zu tun.

Wir machen den Kindern auch bewußt, daß die Antwort in ihnen selbst liegt. Solche Suggestionen bestärken die Kinder darin, Individualität zu entwickeln, und sie beginnen daran zu glauben, daß die Antworten tatsächlich in ihnen selbst liegen. Es geht darum, den Kindern in einem ersten Schritt Anerkennung zu schenken und ihnen ihre Existenz bewußter zu machen. Man mag sich fragen, weshalb ich so arbeite. Ich will verhindern, daß Kinder ihren Ankerplatz verlieren, wenn sie die Schule verlassen, und wie ein Drachen mit gerissener Schnur sind. Ich möchte die Kinder so ausbilden, daß sie über gute Wurzeln verfügen.

Die vier Pfeiler der Suggestionskraft

Suggestion	*Wirkkraft*
1. Du hast wunderbare Fähigkeiten.	bezieht sich auf angeborene Fähigkeiten
2. Du bist in Ordnung, so wie du jetzt bist. (Es ist toll, daß du geboren bist.)	bezieht sich auf Themen, die mit Selbstwertgefühl zu tun haben
3. Es ist okay, nicht so zu sein wie jeder andere. Du hast deine eigene Art, Dinge zu tun.	bezieht sich auf Individualität
4. Die Antworten sind alle in dir selbst.	bezieht sich auf die Kraft des kreativen Denkens

Die beiden zentralen Punkte sind somit:

1. Komm hervor aus der Hülle, in der du bis jetzt gesteckt hast, und kehre zurück zu deinem ursprünglichen, energetischen Selbst.
2. Rufe die nächste neue Fähigkeit wach.

Ich möchte den Kindern eine Ausbildung zukommen lassen, die sie dazu befähigt, irgendwann die wesentlichen Bestandteile von all dem zu erkennen, was sie umgibt. Dies hilft ihnen dabei, den Streß abzubauen, der sich durch das Wettbewerbprinzip in ihren Körpern aufgestaut hat. Die Spannung läßt nach. Diesen ent-streßten Kindern können wir positive Verstärkung geben, indem wir sagen: „Es ist einfach toll, daß wir euch hier haben", „Es ist prima, es auf eure eigene Weise zu machen" und „Ihr habt großartige Talente". Mit solchen Botschaften lassen sich Streß und Anspannung, die sich täglich in ihnen anstauen, rasch lösen. Dann kommt ihre Individualität ans Licht. Sie sind fähig zu verstehen, daß die Antworten in ihnen selbst liegen. Ist diese Denkweise bei den kleinen Kindern erst einmal verwurzelt, haben sie es nicht mehr nötig, mit anderen zu konkurrieren. Sie finden es okay zu leben, ohne sich ständig mit anderen zu messen. Ich glaube, solche Kinder werden fähig sein, das Wesentliche einer jeden Situation zu erkennen und zu wissen, was sie wirklich tun wollen und was in jeder erdenklichen Situation getan werden muß.

Ich glaube, diese Art von Ausbildung ist unglaublich wichtig.

Gespräche mit unserem unterbewußten Geist und unseren Zellen

Der Wachzustand unseres Bewußtseins arbeitet am Tag und schläft in der Nacht. Das Unterbewußtsein jedoch arbeitet Tag und Nacht. Wenn wir denken: „Ich muß dies oder jenes tun", wird das Unterbewußtsein aktiv, während wir schlafen, damit wir das Ziel erreichen können. Das Unterbewußtsein versucht, uns unsere Wünsche und Sehnsüchte zu erfüllen, und dafür sollten wir sehr dankbar sein. Wir sollten unserem Geist und unserem Körper und sogar unseren Zellen eine Menge Dankbarkeit und Wertschätzung entgegenbringen.

Unsere Schüler führen Gespräche mit ihren Körperzellen, und in manchen Fällen haben sich Symptome von atopischen Hautreaktionen und Asthma verringert. Erst sagen sie zu ihren Zellen: „Danke, daß ihr Tag und Nacht für mich arbeitet“, dann fragen sie die Zellen, was sie gegen ihr Leiden unternehmen könnten. Auf diese Weise können sie an bestimmte Informationen gelangen. Das entsprechende „Rezept“ erscheint als Vorstellungsbild, das bestimmte Einsichten mit sich bringt. Es gab sogar schon Kinder, die auf der Basis dieser Information etwas unternahmen und von Asthma und atopischen Hautreaktionen geheilt wurden. (Gemeint ist die atopische Dermatitis, eine ekzemartige Hautirritation, die in Japan nahezu epidemieartig auftritt und gegen die es nur wenige Mittel zur Linderung gibt.)[1]

Auch Blumen können Gedanken empfangen

Es begann, als ich eines Tages in einem kleinen Klassenzimmer arbeitete. Nebenan war ein Blumenladen. Vor diesem Blumenladen standen Topfpflanzen, die ihre Blütenblätter abgeworfen hatten und hinausgeworfen worden waren. So ein Jammer, dachte ich, und nahm eine davon mit in mein Klassenzimmer. Der kleine Topf quoll regelrecht über, also topfte ich die Pflanze um und stellte sie an einen Ort mit viel Sonne. Dann, am letzten Schultag vor dem traditionellen Neujahrstag, verabschiedete ich die Schüler und Lehrer mit den gewohnten Worten: „Wir sehen uns nächstes Jahr wieder.“

Als es Zeit wurde, nach Hause zu gehen, hörte ich etwas wie: „Nimm mich mit zu dir nach Hause.“

1 Anmerkung von Echan Deravy, dem Übersetzer der japanischen Originalausgabe ins Englische, und Oliver Fehn, dem deutschen Übersetzer.

„Wer spricht da?“ fragte ich und drehte mich um, um zu sehen, wer da sprach, doch da war niemand. Da ich dachte, ich hätte es mir nur eingebildet, machte ich mich bereit zum Aufbruch.

Da hörte ich es wieder: „Bring mich nach Hause!“

Das ist wirklich seltsam, dachte ich. Ich sah mich um, und da stand dieser Blumentopf, den ich zuvor mitgenommen hatte. Weil ich aber keine Hand frei hatte, konnte ich die Pflanze nicht mit nach Hause nehmen. Also entschuldigte ich mich bei ihr, indem ich sagte: „Es tut mir so leid. Ich gebe dir dafür jede Menge Wasser. Treffen wir uns doch nächstes Jahr wieder.“ Dann ließ ich sie zurück.

Während der Neujahrsferien hatte ich viel zu tun und dachte nicht mehr an die Pflanze. Als ich wieder zur Arbeit kam, war sie völlig verwelkt, obwohl ich ihr viel Wasser gegeben hatte. Ich mußte schnell etwas unternehmen, also nahm ich sie unverzüglich mit nach Hause. Ich stellte sie in mein sonniges Wohnzimmer und sprach die ganze Zeit mit ihr. Eines Morgens dann, als ich mich zum Aufbruch rüstete und soeben das Wohnzimmer verlassen wollte, hörte ich im Geist eine Stimme, die zu mir sagte: „Sieh mich an, sieh mich an!“ Überrascht wandte ich mich um und sah an der Blume wunderschöne weiße Blüten!

Worte brachten die Amaryllis zum Blühen

Es kam zu ähnlichen Vorfällen. Ich habe zu Hause eine Amaryllis-Pflanze auf der Veranda. Jetzt trägt sie eine Fülle von Blüten, doch früher wollte diese Pflanze nur Blätter hervorbringen, keine Blüten. Also beschloß ich, mit der Amaryllis-Pflanze zu sprechen, und sagte: „Wenn sie nicht bald blüht, werfe ich sie einfach hinaus.“ Zwei oder drei Tage später befand ich mich auf einer Belegschaftsreise in Kyoto. Bei meiner Rückkehr war die Amaryllispflanze auf der Veranda voller Knospen. Von diesem Zeitpunkt an wurde sie ständig größer und brachte schließlich Blüten hervor, die doppelt so groß waren wie normal. Wir sehen also, daß Gedankenenergie auf Pflanzen ebenso wirken kann wie auf Menschen.

Wie man Bäumen lauscht und von künftigen Ereignissen hört

Ab einem gewissen Zeitpunkt wurden meine Besuche bei Makoto Shichida in Shimane häufiger. Da seine Wohnung nicht weit vom großen Heiligtum in Izumo entfernt ist, ging ich dorthin, um zu beten und zu fragen, ob dieses Ausbildungssystem für Kinder wirklich bedeutend sei und ob es unter göttlichem Schutz stehe. Auf dem Rückweg von einem dieser Besuche, als ich den Teil der inneren Anlagen durchquerte, wo viele Bäume stehen, hörte ich einen der Bäume sagen: „OK, das reicht nun!" Ich fragte mich, was wohl damit gemeint war, doch es ergab sich, daß ich kurz danach meine Besuche in Shimane auf Grund äußerer Umstände unverhofft einstellte.

Ich mag Bäume und besuche oft das Heiligtum in der Nähe meiner Wohnung, wo zahlreiche, an die 300 Jahre alte Ginkgo-Bäume stehen. Immer wenn ich dorthin gehe, um zu beten, spreche ich mit den Bäumen. Es begann, als ich dort einen Baum sagen hörte: „Zähle bis dreißig!" Obwohl ich erst zögerte, zählte ich tatsächlich bis dreißig. Und dann geschah etwas höchst Seltsames: Meine Rückenschmerzen, die mir damals zu schaffen machten, verschwanden auf der Stelle.

Später erfuhr ich von den Bäumen: „Sie werden einen neuen Generaldirektor einstellen, und mit deiner Arbeit wird es rasch vorangehen.“ Genau das trat ein.

Die vier Spezialfunktionen des rechten Gehirns

Das rechte Gehirn verfügt über vier Spezialfunktionen:

1. Die Resonanzfähigkeit, die den Vibrationsfrequenzen von Menschen und belebten Objekten entspricht.
2. Die Imaginationsfähigkeit, um Eindrücke blitzschnell in entsprechende Bilder umzuwandeln.
3. Die Fähigkeit, in Höchstgeschwindigkeit zu memorieren, so daß im Bruchteil einer Sekunde eine ganze Schatzgrube an Informationen abgerufen werden kann.
4. Die Fähigkeit, in Höchstgeschwindigkeit zu verarbeiten, so daß riesige Informationsmengen bewältigt werden können.

Die Kompetenz, sich etwas in Höchstgeschwindigkeit einzuprägen, entstammt der fotografischen, intuitiven Imaginationsfunktion des rechten Gehirns. Die in Höchstgeschwindigkeit ablaufende automatische Verarbeitung könnte man auch als die Computerfähigkeit des Rechtshirns bezeichnen. Das Gesetz der Umkehrung von Quantität und Qualität besagt: Je größer die eingegebene Datenmenge, desto höher die Qualität des Verstehens. Überdies wurde anderweitig festgestellt, daß das Gehirn aktiviert wird, wenn es eingehende Daten verarbeitet, und daß Veränderungen innerhalb seiner Lernfähigkeit erzeugt werden, wenn es die Daten abgibt (aus dem Buch *Love Acti-*

vates the Brain von Gen Matsumoto, veröffentlicht von Iwaba Shoten Kan).

Wenn die Tür zum rechten Gehirn aufspringt, werden derlei Fähigkeiten automatisch aktiviert.

Unsere Schüler sehen Veränderungen in der DNA voraus

Eine der großartigsten Eigenschaften des rechten Gehirns ist, daß es die Auffassung, etwas wäre schwierig, nicht akzeptiert. Im Rahmen der QSR-Technik gibt es keine Regeln mit Formulierungen wie „weil das leicht ist", „weil das schwer ist" oder „Das ist gerade richtig". Und es spielt auch keine Rolle, wie jung das Kind ist. Wenn wir Affirmationen wie „Dieses Kind ist großartig!" oder „Dieses Kind ist erstaunlich!" einfach nur denken oder verbal zum Ausdruck bringen, werden die Fähigkeiten des Kindes dadurch tatsächlich ausgelöst.

Die Schüler machten QSR mit Dr. Kazuo Murakamis Buch *The Code of Life*, das bei Sunmark Publishing erschienen ist. Es handelt sich um ein wissenschaftliches Buch über DNA-Forschung. Was wir beim „Lesen" des Buches erfahren wollten, und zwar indem wir QSR mit Imagination kombinierten, war, was aus der DNA in der Zukunft werden würde. Ein Kind sagte: „Wenn die DNA-Forschung weiterhin so rasch voranschreitet, werden wir fähig sein, Dinosaurier zu erschaffen." Ein anderer Schüler sagte, die DNA-Forschung werde die weitere Entwicklung des Menschen so verändern, daß wir in ferner Zukunft eine völlig andere physische Gestalt haben würden als heutzutage. Zu solchen Ergebnissen kamen wir, indem wir die Schwingung des Buches lasen, kombiniert mit der Imaginationsfunktion des rechten Gehirns, um Szenen aus der Zukunft zu erblicken.

Die automatische Übersetzungsfunktion

Wird ein Buch in Höchstgeschwindigkeit durchgeblättert, kommt die computerartige automatische Verarbeitungsfunktion des rechten Gehirns von selbst in Gang. Anders als bei den gängigen Methoden des Schnell-Lesens, gestattet uns das QSR, ein ganzes Buch im Nu zu lesen. Dabei werden die aus dem Buch austretenden Schwingungen in Farben oder Bilder umgewandelt, die dann zu Information werden. Fremde Sprachen werden automatisch ins Japanische (bzw. die Sprache des Lesers) übersetzt, und aus geschriebenen Buchstaben werden Bilder. Selbst bei japanischen Büchern werden komplizierte Kanji-Schriftzeichen automatisch in phonetische Katakana-Buchstaben übersetzt. Man könnte sagen, es handelt sich um eine Schriftzeichen- bzw. Buchstaben-Umwandlungsfunktion. Somit verfügt der Computer unseres Gehirns über eine automatische Übersetzungsfunktion und bedient sich dabei der Imagination und der Zeichen- bzw. Buchstaben-Umwandlung.

Rechtshirn-Entwicklung für das ganze Leben

Quantum Speed Reading begann als das Schnell-Lesen von Büchern, um das Verständnis zu verbessern, doch dies ist tatsächlich erst der Anfang. Es ist notwendig, QSR samt seiner weiterführenden Möglichkeiten auf einer breiten Basis auch mit dem eigenen Lebensstil, Gesundheitsfragen, Studium und Berufswahl in Beziehung zu setzen. Ist dies erreicht, besteht die Möglichkeit, ein völlig neues Leben zu führen. Bislang war das Leben fast aller Menschen vom Linkshirn dominiert. Es würde mich jedoch freuen, Ihnen verständlich zu machen, daß das Erlernen und die Nutzung der erweiterten Fähigkeiten des rechten Gehirns das letztendliche Ziel dieser Technik ist und daß sich dadurch neue Sichtweisen auf unseren Beruf, unser Studium, unsere Gesundheit und das tägliche Leben ergeben. An oberster Stelle aber steht die Grundlage für all diese Fortschritte: die Nutzung der Imaginationsfunktion des Gehirns.

Kommunizieren mit Kindern durch den Gebrauch von Bildern

Die folgende Episode handelt von einem Jungen, der sehr klug und auch sehr liebenswürdig ist, zugleich aber zur Ruhelosigkeit neigt und während des Unterrichts viel herumzappelt. Als wir eines Tages ein wenig Imaginationstraining machen wollten, saß er in der dritten Reihe von vorn und ließ den Blick durchs Klassenzimmer schweifen. Da richtete ich mit Hilfe geistiger Bilder einen Appell an ihn und sagte: „Du mußt geradeaus nach vorn blicken und zuhören, was die Lehrerin sagt." In meinem Vorstellungsbild nickte er dann und sagte: „Okay, mach ich." Ich fragte mich, ob das wirklich passiert war oder ob ich es mir nur vorgestellt hatte. Später, es war bereits in der nächsten Stunde, sagte ich zur gesamten Schulklasse: „In der letzten Stunde habe ich euch ein geistiges Bild geschickt. Habt ihr es empfangen?" Worauf der Junge antwortete: „Ja, ich hab's empfangen. Deshalb gucke ich jetzt auch geradeaus und höre Ihnen zu, und deshalb habe ich mir auch das Kanji gemerkt." Derselbe Schüler schickt mir außerdem manchmal geistige Bilder, doch es gibt Zeiten, da empfange ich sie, und dann wieder nicht. Gelegentlich sagt er zu mir: „Sensei (Lehrerin), ich hab mich so angestrengt, um Ihnen diese Bilder zu schicken, aber Sie haben es überhaupt nicht bemerkt!"

Quantum Speed Reading als Lebenshilfe für den Alltag

Im Zuge der Entwicklung des Quantum Speed Reading-Systems machten wir eine Vielzahl von Entdeckungen. Eine davon ist, daß eine große Menge an Informationen fast augenblicklich verarbeitet werden kann. Eine weitere ist, daß unsere Schüler netter und gehorsamer wurden. Könnte es sein, daß die Annahme falsch ist, daß man, um schlauer zu werden, andere ausstechen muß, und daß man nur für sich selbst lernen und nur an sich selbst denken sollte? Könnte es möglich sein, auch ohne linkshirnbetonte Anstrengungen Spitzenleistungen zu erzielen? Es darf nicht übersehen werden, daß Kinder, die QSR anwenden, weniger Konkurrenzdenken an den Tag legen und liebenswürdiger miteinander umgehen. Während der QSR-Stunden sitzen die Kinder im Kreis und lesen innerhalb von 10 bis 15 Minuten an die 50 Bücher durch. Wie bereits erwähnt, gehen die Kinder nach dem Unterricht wirklich sorgsam mit den Büchern um. Die 50 Bücher werden fein säuberlich in drei großen Körben verstaut, wobei stets darauf geachtet wird, daß sie in der richtigen Reihenfolge liegen. Als mir das zum ersten Mal auffiel, fragte ich mich: „Was um alles in der Welt ist jetzt los?“ Also fragte ich die Kinder: „Woher kommt es, daß Ihr so achtsam mit diesen Büchern umgeht?“

Die Antwort war: „Weil diese Bücher für uns wie Haustiere sind und wir das Gefühl haben, es sind wichtige Schätze. Also dürfen wir sie nicht grob behandeln.“ Im weiteren Verlauf schienen die Kinder in ihrem Wesen immer warmherziger zu werden. Wir begannen zu überlegen, wie diese Fähigkeiten zum Wohl der Gesellschaft und des Einzelnen eingesetzt werden könnten. Uns fiel auf, daß es nicht mehr um Wettbewerb ging, wenn man ein schnellerer Leser war oder den Inhalt eines Lehrbuchs besser verstehen konnte. Im Zuge unserer weiteren Überlegungen wurde klar, daß QSR mit folgenden drei Pfeilern verknüpft ist: (1) den Inhalt eines Textes verstehen, (2) die Gedanken des Autors erfassen und (3) die eigenen Gedanken über ein Thema zu aktivieren. Es ist somit kein Wunder, daß auch in die Herzen mehr Frieden einzieht.

Kurz gesagt: Diese Technik bildet die Wurzel der Entwicklung unseres eigentlichen Bewußtseins. Es ist weniger eine Frage des Links- oder Rechtshirn-Trainings als vielmehr die der Anwendung von QSR, nämlich ob wir die Essenz dessen, was uns als lebende Wesen ausmacht, freilegen können. Zu dieser Haltung gelangte ich, weil ich Tag für Tag mit Kindern arbeite. Wie bereits erwähnt, wurden Kinder von atopischen Hautreaktionen und Asthma geheilt; darüber hinaus kam es durch das Stimulieren der sensorischen Bereiche des rechten Gehirns zu einer erhöhten Sensitivität. Was das tägliche Leben betrifft, so konnten wir beobachten, daß sie in Alltagsbelangen leistungsfähiger wurden, ihre Fähigkeit zur Verarbeitung von Inhalten verbesserten und insgesamt aufgeweckter wurden. Aus diesem Grund bin ich fest davon überzeugt, daß die Anwendung von QSR konstruktive Veränderungen in allen Bereichen des täglichen Lebens mit sich bringt.

4

Quantum Speed Reading für Erwachsene

Im Gegensatz zum linken Gehirn, mit dem wir nur schrittweise lernen, indem wir Informationen über einen langen Zeitraum ansammeln, ebnet uns das rechte Gehirn den direkten Weg zu einem ähnlichen Verständnis innerhalb von drei Monaten.

Die Vernetzung von Rechtshirn-Fähigkeiten mit dem linken Gehirn

Alle Menschen verfügen über die in der obigen Aussage beschriebene Fähigkeit des rechten Gehirns. Damit aber diese Fähigkeit Gestalt annehmen kann, muß sie mit den Schaltkreisen des linken Gehirns verbunden werden. Ohne fortwährendes Sprech- und Schreibtraining verkümmert dieser Rechtshirnpfad oder –schaltkreis, und die Fähigkeiten, die er ermöglicht, bleiben ungenutzt. Vergleicht man zum Beispiel Kindergartenkinder mit Grundschülern oder Gymnasiasten, die aus dem Ausland zurückkommen, so fällt auf, daß die Kindergartenkinder viel fließender Englisch sprechen als die anderen. Nach zwei oder drei Monaten jedoch verlieren sie diese Fähigkeit. Als mein Sohn einen spanischsprachigen Kindergarten besuchte, sprach er tatsächlich Spanisch und konnte etliche Lieder in dieser Sprache singen. Dennoch verschwand diese Fähigkeit, als er an eine reguläre japanische Grundschule kam. Schüler, die Englisch in Grund- und höheren Schulen lernen, verlernen ihre Englischkenntnisse nicht. Es erscheint daher äußerst wichtig, diese Pfade auf gründliche Weise schon frühzeitig sowohl im linken als auch im rechten Gehirn zu etablieren. Wenn man sie stabilisiert und festigt, werden diese Pfade nicht versperrt, sondern sind für das rechte Gehirn frei zugänglich, so daß sie auch im Erwachsenenalter noch benutzt werden können.

Warum Erwachsenen das Imaginieren so schwer fällt

Der wichtigste Grund, warum Erwachsene sich schwer damit tun, QSR zu beherrschen, besteht darin, daß sie ihr ganzes Leben auf der Grundlage des Linkshirn-Denkens gelebt haben und es für sie extrem schwierig ist, dies zu ändern. Da die moderne Gesellschaft in allen Aspekten ein Produkt des Linkshirn-Denkens ist, wird die Nutzbarmachung des Unterbewußtseins selbst bereits zum zentralen Problem. Ein Beispiel wäre die Art und Weise, wie wir Bücher lesen, nämlich indem wir von einem Wort zum anderen gehen. Nutzen wir beim Bücherlesen allerdings die Bilderwelt des rechten Gehirns, lesen wir nicht mehr Wort für Wort. Möchte man also diese Rechtshirn-Fähigkeiten für sich erschließen, so ist es meiner Meinung nach unerläßlich, die Art und Weise, wie man sein tägliches Leben führt, von Grund auf zu ändern. Zum einen können wir Spaß im Umgang mit der QSR-Bilderwelt haben, während wir unsere Gepflogenheiten, Dinge in Angriff zu nehmen, neu bewerten. Man hat festgestellt, daß wir im normalen Alltagsleben nur einen Bruchteil unserer tatsächlichen Gehirnfähigkeiten nutzen. In diesem Sinne: Lassen Sie uns versuchen, sie im größtmöglichen Ausmaß zu nutzen.

Auch Erwachsene können Quantum Speed Reading anwenden

Wir führten das QSR-Training an ausgewählten Schulen in ganz Japan durch. Erstaunlich war dabei, wie schnell es den Schülern gelang, QSR zu praktizieren. Nachdem wir mit den Kindern zwei oder drei Jahre lang gearbeitet hatten, begriffen wir, daß die Erwachsenen QSR ganz genauso anwenden könnten. Schließlich war auch jeder Erwachsene früher einmal ein Kind, mit den gleichen angeborenen Begabungen.

Im menschlichen Gehirnwellenspektrum gibt es eine bestimmte Frequenz, die das Lernen unterstützt; diese Wellen bezeichnet man als *Theta*-Wellen. Bei Kindern ist das Auftreten von Theta-Wellen besonders häufig. Wissenschaftlich gesehen, haben Theta-Wellen eine niedrigere Frequenz als Alphawellen, die eine Wellenlänge von etwa 3,5 bis 7 Hertz aufweisen. Wahrscheinlich können Kinder ihre Rechtshirn-Anlagen deswegen so gut entwickeln, weil bei ihnen Theta-Wellen sehr viel häufiger auftreten.

Müßte man Erwachsene somit nicht einfach nur dazu bringen, ihre Theta-Wellen-Quote zu erhöhen? Zu diesem Zweck sind Tiefatmungs-Übungen und das, was wir *Stock-Bild-Training* nennen, erforderlich. Das Stock-Bild wird in einem späteren Kapitel ausführlich erklärt; hier sei der Einfachheit halber nur erwähnt, daß man dabei imaginiert, daß die Muskeln des Körpers so angespannt seien, als wären sie hart wie ein Stock. Dann löst man die Spannung plötzlich auf und kehrt zum Normalzustand zurück. All dies geschieht ausschließlich mittels Imagination. Wir stellen uns vor, wir seien absolut angespannt, dann lösen wir die Spannung auf. Diese

Technik ermöglicht es uns, die Frequenz unserer Gehirnwellen zu senken.

Über ein Dutzend Mal hielten wir „Rechtshirn-Seminare für Erwachsene“ ab und bauten auch das QSR-Training ein. Wir versuchten während dieser Seminare, die Hirnfrequenz der Teilnehmer durch Tiefatmung und Stock-Bild-Techniken zu senken. Das Resultat war, daß die Erwachsenen Farben aus den Büchern kommen sahen und von ihnen sowohl Bilder als auch Mitteilungen erhielten. Mir fiel auf, daß die Erwachsenen zum Erlernen dieser Dinge länger brauchten als Kinder und daß die Bilder, die sie erblickten, undeutlicher waren. Letztendlich konnten aber auch die Erwachsenen das Quantum Speed Reading ausüben.

Wie man in drei Monaten Rechtshirn-Schaltkreise anlegt

Die Fähigkeiten des rechten Gehirns werden nicht – so wie beim Aufbauprozeß des linken Gehirns – langsam zur Entfaltung gebracht. Tatsächlich läßt sich der neue Nervenpfad innerhalb von drei Monaten anlegen. Um dies jedoch bei erwachsenen Schülern zu erreichen, ist häufiges und intensives Training notwendig. Einfach ausgedrückt lautet das Erfolgsrezept: zielstrebiges Üben und ein fester Wille, QSR anzuwenden. Auf diese Weise läßt sich die Rechtshirn-Begabung von Erwachsenen aktivieren. Bei der Ausbildung von Kindern ist es dagegen wichtig, daß sie Spaß haben und das Ganze als Spiel betrachten, damit sichergestellt ist, daß sie sich nicht langweilen. Auf diesem Wege erhalten das Limbische System (Tiefenhirnbereich, der für Lernen, Emotionen und Erinnerung zuständig ist) und das Zwischenhirn die notwendige Stimulation.

Erstaunliche Resultate der Rechtshirn-Entwicklung

Sehen wir uns einige der Ergebnisse an, die wir durch die Teilnehmer unserer Erwachsenen-Seminare gewinnen konnten. Ein Firmenseminar mit vierstündigen Unterrichtseinheiten wurde an drei Tagen hintereinander abgehalten. Nach Beendigung ließen wir uns die verschiedenen Eindrücke der Teilnehmer schildern. Sie lassen sich in folgende Kategorien einteilen:

1) Bessere Gesundheit
2) Die Entwicklung der Gabe des Vorauswissens
3) Besseres Gedächtnis
4) Entfaltung der Intuition
5) Wunscherfüllung
6) Besseres Timing
7) Bessere Konzentration
8) Imaginationskraft
9) Verbesserung zwischenmenschlicher Beziehungen sowie mehr Rücksicht auf andere
10) Gefühle von Stabilität
11) Lebensveränderungen

Die folgenden Daten wurden mit Hilfe von Fragebögen ermittelt. Es handelt sich um Musterbeispiele der erfreulichsten Antworten, die wir von den Teilnehmern in den einzelnen Kategorien erhielten.

1. Bessere Gesundheit

Wir sahen bereits, wie sich bei Kindern nach der Anwendung von QSR atopische Hautreaktionen sowie der gesamte körperliche Zustand besserten. Ähnliche Wirkungen konnten auch die Erwachsenen bei sich verzeichnen.

- Die Schlafdauer verkürzte sich. Manche waren in der Lage, über kürzere Zeiträume sehr tief zu schlafen.
- Eine Person, die erkältet war und eine Menge hustete, bediente sich fortwährend der Imagination, um den Husten zum Stillstand zu bringen. Sie konnte dann das Seminar ohne zu husten bis zum Ende besuchen.
- Atopische Dermatitis wurde geheilt.
- Diäten schlugen sehr viel besser an.
- Die körperliche Verfassung wurde besser.

2. Die Entwicklung der Gabe des Vorauswissens

Wir erkannten im Zuge unserer Erfahrungen mit Kindern, die QSR ausführten, daß bei ihnen die Gabe des Vorauswissens geweckt wurde. Erwachsene berichteten über das gleiche Phänomen.

- Es kam häufig zu einem Vorauswissen von Ereignissen, die dann wirklich eintraten. In einem der Fälle wurde einer, der dachte, es wäre besser, zu Hause zu bleiben, später wegen Geschwindigkeitsüberschreitung erwischt.
- Die Fähigkeit, genaue Vorahnungen zu haben, wurde größer. Ein Teilnehmer bekam von einem Freund ein Buch und fand darin eine Abbildung, die er Tage zuvor bereits während der Meditation gesehen hatte.
- Andere berichteten davon, ein bestimmtes Buch in einem Buchladen schneller finden zu können und Telefonanrufe von Leuten zu bekommen, deren Gesichter ihnen gerade in den Sinn gekommen waren.

- Während man an nichts Spezielles dachte, tauchte im Geist plötzlich ein Bild auf. Später kam es zu einem Vorfall, der mit diesem Bild zu tun hatte.
- Etwas, das man sich vorgestellt hatte, manifestierte sich später in der Wirklichkeit.

3. Besseres Gedächtnis

Eine der großartigsten, von Erwachsenen festgestellten Wirkungen des QSR-Trainings war eine Verbesserung des Gedächtnisses sowie die Fähigkeit, sich Dinge besser einprägen zu können. Folgendes wurde berichtet:

- Manche konnten sich Zahlen müheloser merken.
- Manche hatten sehr wirklichkeitsnahe Träume und konnten sich nach dem Aufwachen lebhaft daran erinnern.
- Andere konnten sich die Namen anderer Leute besser merken.
- Manche behielten jeden Tag Hunderte von Lieblingsszenen im Gedächtnis; da sich dies fortsetzte, kam es drei Monate später zu großen Glücksgefühlen.
- Andere prägten sich täglich zehn weitere Dezimalstellen der Zahl Pi ein und waren verblüfft, an wie viele sie sich erinnern konnten.

4. Entfaltung der Intuition

Es besteht nicht der leiseste Zweifel daran, daß die Intuition schärfer wird. Das gleiche gilt für das Urteilsvermögen. Die Teilnehmer berichteten:

- Von schärferer Intuition
- Von einem besseren „Riecher“ im Sinne von Ahnungen

- Von der Fähigkeit, die hinter der Mimik steckende Emotion schneller zu erfassen
- Von der Fähigkeit, das Ergebnis eines WM-Spiels richtig vorauszusagen und die Tageseinnahmen eines Geschäfts richtig zu schätzen, noch ehe Kasse gemacht wurde
- Davon, daß sie einen verlorenen Gegenstand wiederfanden, indem ihnen beim morgendlichen Aufwachen einfiel, wo er lag
- Davon, sich beim Gespräch mit anderen besser ein intuitives Urteil bilden zu können
- Von dem Gefühl, die passende Richtung eingeschlagen zu haben, nachdem sie auf Eingebungen gehört hatten

5. Wunscherfüllung

Im Zuge der Wunscherfüllung kommt es zu Fähigkeiten, die der Psychokinese ähneln. Die Erwachsenen berichteten:

- Daß sie ein schwer erhältliches Konzert-Ticket ergattern konnten
- Von häufigeren Lotteriegewinnen
- Bei dem Wunsch, in einen früheren Beruf zurückzukehren, wird mit größerer Wahrscheinlichkeit eine passende Stelle frei
- Verlorenes wird wiedergefunden; etwas, das man sich wünscht, bekommt man auch; und Ereignisse, die man sich bewußt vorstellt, treten wirklich ein
- In der Arbeit geht es besser voran; zum Beispiel melden sich, ohne daß eine Anzeige geschaltet wurde, mehr Studenten an
- Je höher die Geschwindigkeit der Gedanken, desto rascher manifestieren sie sich in der Realität
- Alles geht reibungsloser; in bezug auf Orte, die man besuchen, oder Ereignisse, an denen man teilnehmen will, klappt alles bestens

- Erfolge, die man zuvor für unerreichbar hielt, beginnen sich zu realisieren
- Ohne jegliche negative Auswirkungen auf andere entsteht das freudige Gefühl, daß Dinge Gestalt annehmen
- Bedient man sich des Imaginierens beim Golfspiel, schafft man neun Löcher mit 39 Schlägen und unterbietet die vorherige Untergrenze von 45
- Bei der Silvesterparty-Tombola bekam einer den ersehnten Preis, nachdem er fest daran geglaubt hatte
- Wünscht man sich, am Arbeitsplatz mit einer bestimmten Person zusammenzuarbeiten, so tritt die entsprechende Person diese Stelle an; umgekehrt ist jemand, mit dem man lieber nicht zusammenarbeiten möchte, aus irgendwelchen Gründen nicht mit dabei
- Hält man es für besser, wenn eine Person etwas Bestimmtes tun würde, so geschieht genau das
- Verliehenes Geld wurde zurückerstattet
- War eine Katze entlaufen, machten alle gemeinsam eine Visualisationsübung und fanden sie wieder. Durch starkes Imaginieren werden Wünsche wahr.

6. Besseres Timing

Sowohl im Beruf als auch bei zwischenmenschlichen Beziehungen ist das richtige Timing ein wichtiger Faktor. Zahlreiche Personen verzeichneten eine Verbesserung ihres Timings:

- Wichtige Informationen oder Bücher kreuzten ihren Weg
- Während der Autofahrt wurden sie nicht von Ampeln aufgehalten
- Sie waren ganz allgemein öfter „zur rechten Zeit am rechten Ort"

- In Situationen in sämtlichen Bereichen des täglichen Lebens stellte sich ein besseres Gefühl für das richtige Timing ein
- Mehr Routine beim Planen von Veranstaltungen
- Eine positivere Einstellung zum eigenen Job führt dazu, daß man mit Aufträgen überschüttet wird
- Das Gefühl, daß Erfolgserlebnisse, die man für das eigene Wachstum braucht, häufiger eintreten

7. Bessere Konzentration

Eines der Resultate von QSR besteht darin, daß die Konzentration sich verbessert.

- Die Fähigkeit, sich bei der Arbeit zu konzentrieren, wächst, und man ist offener für Eingebungen.
- Das Tempo beim Bücherlesen steigt.
- Die Neigung zum Lesen erhöht sich, und die Zahl der gelesenen Bücher steigt.

8. Imaginationskraft

Natürlich steigert QSR die Imaginationsfähigkeit in hohem Maße.

- Plötzliche Ideen kommen einem viel müheloser.
- Man erreicht, daß ein Ereignis genau so verläuft, wie man es sich vorgestellt hat; und mit dem schönen Wetter: das stellt sich routinemäßig ein.
- Das Vorstellungsbild ist so klar und scharf wie ein Foto.
- Im Beruf hat man häufiger gute Eingebungen; die benötigten Muster und Farben kommen einem mühelos in den Sinn.
- Kunstverständnis und Sensibilität vergrößern sich.
- An Traumbilder erinnert man sich deutlicher.

- Im Beruf kann man zunehmend beurteilen, ob und wie Dinge in ein System passen.
- Der Inhalt eines Buches wird über die QSR-Bilder wahrgenommen.
- Durch wiederholtes Nachbild-Training kommt es zu einer Steigerung der eigenen Imaginationskraft.
- Man erlangt die Fähigkeit, Farben zu imaginieren.
- Imaginiert man am Morgen seine Tagesangelegenheiten und blickt später auf die Ereignisse des Tages zurück, so kommt es häufig vor, daß sich die Dinge so entwickelt haben, wie man es sich vorgestellt hat.

9. Verbesserung zwischenmenschlicher Beziehungen sowie mehr Rücksicht auf andere

Die Herzenswärme wächst, man kann auf andere mehr Rücksicht nehmen, und da Kooperation und Harmonie erlernt werden, hörten wir von vielen erwachsenen Teilnehmern unserer QSR-Seminare, daß sich ihre zwischenmenschlichen Beziehungen verbesserten. Dies traf besonders auf familiäre Beziehungen zu. Folgendes wurde berichtet:

- Daß man für andere oder für eine bestimmte Person das Beste erhofft, wird zum normalen Verhaltensmuster.
- Man ist nicht mehr so leicht zu verärgern wie zuvor.
- Man fühlt sich weniger gehetzt und dafür viel gelassener.
- Familienbande werden stärker.
- Man fühlt sich anderen mehr verbunden, vor allem der eigenen Familie.
- Die Familienatmosphäre wird harmonisch; familiäre Beziehungen verbessern sich.

- Man ist fähig, anderen zu vergeben und zwischenmenschliche Beziehungen aus einem globaleren Blickwinkel zu sehen.
- Man stellt bei anderen in der Regel keine negativen Veränderungen fest.
- Man wird häufiger darum gebeten, anderen zu helfen.

10. Gefühle von Stabilität

Durch QSR wird man sich seines eigenen Stabilitätsgefühls mehr und mehr bewußt. Dies bedeutet Streßreduzierung sowie die Fähigkeit, im Alltagsleben mit einer gewissen Ruhe ans Werk zu gehen. Berichtet wurde folgendes:

- Selbst wenn man unvorbereitet von einem Ereignis überrascht wird, kann man seinen Angelegenheiten weiterhin unbeeinträchtigt nachgehen
- Man ist fähig, sich entspannt zu fühlen, selbst während man Gäste bewirtet, und stellt eine verbesserte Vorgehensweise bei der Bewältigung von Dingen fest
- Am Arbeitsplatz ist man weniger unschlüssig und verfügt über ein klareres Urteilsvermögen
- Man kann schneller von einer Stimmung in die andere wechseln
- Streßreduzierung
- Selbst wenn man die Imagination während der Zugfahrt trainiert, ist der Geist friedlich
- Gefühle sind weitaus gelassener
- Eine größere emotionale Toleranz stellt sich ein
- Die Fähigkeit, Dinge langsam zu durchdenken, wächst

11. Lebensveränderungen

Kommt es zu diesen bereits genannten Veränderungen, wird sich das gesamte Lebensgefühl beträchtlich verändern, wie Teilnehmer berichten:

- Die Persönlichkeit wird heiterer, und jeder Tag wird angenehmer.
- Man kann sich selbst besser akzeptieren, auch wenn man negativ eingestellt ist.
- Die Denkweise wird positiver.
- Man kann mit Dingen, die man zuvor schockierend fand, ganz normal umgehen.
- Im Beruf kann man einen Verlust zu einem Gewinn machen, indem man ein Problem in eine positive Situation umwandelt.
- Entscheidungen werden schneller getroffen und sind nicht mit Sorgen verbunden.
- Tätigkeiten werden schneller ausgeführt.
- Gute Dinge scheinen sich zu ereignen, und Wünsche erfüllen sich unter dem Eindruck eines gesteigerten Glücksgefühls.
- Man empfindet mehr Lebensfreude als zuvor.
- Man ist nicht mehr so reizbar, und die anderen sagen, man verhalte sich weit weniger abweisend als früher.
- Man ist geistig entspannter und registriert bei sich eine Schärfung des sechsten Sinns.
- Bilder von einer fröhlicheren Zukunft mit all ihren Möglichkeiten werden wahrgenommen, und der Glaube an sich selbst wächst. Indem man sich ein Ziel klar vorstellt, ist man nun fähig, es zu verwirklichen.
- Der Geist arbeitet schärfer.

Wie wir gesehen haben, bringt die Anwendung von QSR zahlreiche Vorteile mit sich.

5

Die Methodik des QSR-Trainings

Ein wahrhaft faszinierendes Phänomen trat an diesem Punkt auf. Ein lichtblauer Himmel und orangefarbene Flammen erschienen im Bild, und eines der Kinder, die es sahen, sagte: „Von nun an werden Luft und Feuer viel wichtiger sein."

Bis jetzt haben wir vom Nutzen gesprochen, den sowohl Erwachsene als auch Kinder aus dem QSR-Training ziehen können. Zweifellos wurde damit beim Leser ein Interesse an QSR geweckt. Beschäftigen wir uns nun mit dem eigentlichen Training. Die drei Grundstufen des Quantum Speed Reading, wenn man es ganz allgemein in Kategorien einteilen möchte, sind:

1. Bildtraining
2. Augentraining
3. Schnelles Durchblättern

Diese Stufen bilden die Grundlage des QSR. Wenn wir diese noch um die beiden untergeordneten Techniken *Nachbild-Training* und *Platz des Herzens* ergänzen, dann haben wir alle fünf Hauptpunkte des Trainings aufgeführt. An dieser Stelle eine kurze Anmerkung: Wenn Sie damit beginnen, QSR zu praktizieren, ist es möglich, daß imaginierte Bilder manchmal so real erscheinen, als handle es sich um echte stoffliche Phänomene. Es gibt auch Fälle, in denen adäquate Sinneswahrnehmungen wie etwa Gerüche wahrgenommen werden. Im Rahmen des vom rechten Gehirn erzeugten Spektrums der Imagination sind Traumbilder am zugänglichsten. Wollen wir feststellen, wie weit die Rechtshirn-Fähigkeiten einer Person ausgebildet sind, fragen wir die Person, ob sie farbig oder schwarzweiß träumt. Bei ausdauerndem Rechtshirn-Training beginnen wir, farbig zu träumen.

Bildtraining

Nachbild- (oder Restbild-)Training

Im Zuge des Nachbild-Trainings bei künstlichem Licht, Sonnenlicht oder bei der Verwendung orangefarbener Trainingskarten kommt es zu Restbildern (Bilder, die nach dem Ausschalten des Lichts oder dem Schließen der Augen zurückbleiben), die dazu tendieren, zunehmend länger zu verweilen. Ferner sind wir schon bald dazu in der Lage, Nachbilder in den Primärfarben zu sehen – und dies nahezu unbewußt. Am Anfang, selbst bei Verwendung von orangefarbenen Trainingskarten, erscheinen die Bilder meist in Sekundärfarben. Bei einer blauen Karte zum Beispiel ist das Nachbild dann in der Regel orange. Beim fortschreitenden Training spielt es aber keine Rolle mehr, welche Farbe verwendet wird: Die Nachbilder erscheinen nun in der richtigen Farbe. Der nächste Schritt besteht darin, runde Karten zu verwenden und sie als viereckig oder dreieckig zu visualisieren. Gelingt dies, ist der Geist bereit für das Imaginieren.

Augentraining

Das Erzeugen von Bildern

Bevor wir mit QSR beginnen, trainieren wir die Augenmuskeln, kurz *Augentraining* genannt, um das Gesichtsfeld zu vergrößern. Der Augapfel wird erst auf und ab, dann von links nach rechts bewegt, wobei jede Position für zehn Sekunden beibehalten wird. Dabei werden die oberen und unteren Schrägmuskeln des Auges trainiert. Geht man dabei mit großer Geschwindigkeit vor, kann man Farben und Licht wahrnehmen. Beispielsweise können in der Mitte eines Bildes Sterne, Schmetterlingsgestalten oder sogar viereckige Gebilde erscheinen. Diese Art des Trainings ermöglicht einen schnelleren Einstieg in QSR. Obwohl es anfangs vielleicht schwierig erscheint, empfiehlt es sich doch, die Augen so rasch wie möglich zu bewegen. Von diesem Ausgangspunkt mit Farben und Licht erwachen die fünf Sinne des rechten Gehirns. Wir fühlen uns geblendet, nehmen ein Wärmegefühl und ebenso Gerüche oder Gefühle des Unbehagens wahr. Durch wiederholtes Training kommen die sensorischen Anlagen des rechten Gehirns an die Oberfläche. Obwohl man dies bereits als eine QSR-Fähigkeit betrachten könnte, handelt es sich in Wirklichkeit nur um eine Vorbereitungsstufe für das Training der oberen und unteren Schrägmuskeln des Auges. Trainieren wir die Augen bei hoher Geschwindigkeit auf rhythmische Weise, können wir Bilder mit Licht, Farbe und Form hervorrufen. Diese Bilder bereiten uns auf das QSR vor.

In diesem Stadium gelang es uns, Bilder von Wind, Meer, Wolken, Erde und Regen zu erzeugen. Gelegentlich wird die Sinneswahrnehmung stimuliert, und wir nehmen einen sanften Wind wahr, ein salziges Meer, kalte Wolken, weiche Erde und nassen Regen. Diese Empfindungen treten als Bilder in Erscheinung, und gleichzeitig werden Geräusche wahrnehmbar. Der Wind braust vorbei, das Meer bricht herein, die Wolken zischen, die Erde knirscht, und der Regen prasselt. Folgende Kommentare stammen von Kindern, die das Augentraining machten:

„Wenn ich das mache, fühle ich mich entspannt. Dann wird meine ganze Stimmung besser."

„Es ist ein komisches Gefühl, das zu tun. Es ist, als würde Licht auf mich herabscheinen."

Daran können wir sehen, daß das individuelle Wesen eines jeden Kindes zum Ausdruck kommt.

Als nächstes verwendeten wir beim Augentraining ein Physik-Lehrbuch. Ein wahrhaft faszinierendes Phänomen trat an diesem Punkt auf. Ein lichtblauer Himmel und orangefarbene Flammen erschienen im Bild, und eines der Kinder, die es sahen, sagte: „Von nun an werden Luft und Feuer viel wichtiger sein." Das heißt also: Obwohl wir nur einfaches Augentraining machen, ist in den Farben und dem Licht, die dabei auftauchen, eine bestimmte Bedeutung enthalten. Überdies sind es nicht nur Farben und Licht, die sich manifestieren, sondern auch Geräusche und andere Wahrnehmungen. Sämtliche Sinneswahrnehmungen des rechten Gehirns werden in Bewegung gesetzt.

3D-Training

Die Augen und das rechte Gehirn sind eng miteinander verbunden. Einer Theorie zufolge steht das dreidimensionale Sehen in Verbindung mit dem Mittelhirn im Gehirnstamm. Da das Mittelhirn die Zentrale von Herz und Geist ist, kann das Fixieren von 3D-Bildern gelegentlich starke Gefühle im Herzen hervorrufen. Diese Erfahrung zeigt uns, wie Augen, Gehirn und Herz anscheinend zusammenhängen. Wenn wir 3D-Übungen machen, verwenden wir oft Bilder aus der Natur oder Mandala-Muster. Bei den Übungen zum Augentraining werden auf Grund der direkten Verbindung zum rechten Gehirn Farben und Licht wahrgenommen. Zum Augentraining gehört das Training der Augenmuskeln, wobei wir uns der drei Techniken – Imaginationstraining, Augentraining und rasches Blättern – bedienen. Obwohl bereits die Ausführung dieser Übungen dazu führen kann, Farben und Licht wahrzunehmen, führt sie allein nicht so leicht zu dem Erfolg, den unsere Schüler verzeichnen konnten. Es ist deshalb wichtig, bei jeder Übung das Tempo zu erhöhen. Eine Methode, die wir als „Kameraverschluß“ bezeichnen und bei der während der Augenübungen rasch geblinzelt wird, macht es leichter, Farben und Licht wahrzunehmen.

Training bei künstlichem Licht

Zum Training bei künstlichem Licht verwendet man, falls möglich, eine normale Tischlampe mit einer roten, grünen oder gelben Glühbirne. (Es ist äußerst wichtig, daß man die Bilder in Farbe sehen kann.) Diese Tischlampe wird ca. 1,80 Meter vom Übenden entfernt aufgestellt. Sie wird ausgeschaltet, nachdem er sie 30 Sekunden lang fixiert hat. Dann betrachtet er das hinter den Lidern verbleibende Nachbild. Dieses Nachbild-Training ist die Grundlage für das Sehen innerer Bilder und daher von großer Wichtigkeit. Als nächstes machen wir Atemübungen, wobei wir uns mit leicht geschlossenen Augen der Bauchatmung widmen. Ein anderer Name dafür lautet *hara-* oder *tanden-* (auf chinesisch: *tantien-)* Atmung.

Stock-Bild-Training

Für die Arbeit mit Bildern sind Entspannung und Konzentration erforderlich. Deswegen trainieren wir das wiederholte Anspannen und Loslassen. Wir bezeichnen dies als *Stock-Bild-Training.* Zu Beginn regulieren wir die Atmung und lockern den Körper. Dann versteifen wir den gesamten Körper, als wären wir ein Stock, und lockern uns erneut vollständig. Das Ganze wiederholen wir drei Mal. Diese Art Vortraining bewirkt, daß wir die uns unbewußte Linkshirn-Lebensweise abstreifen und uns mehr in einen Rechtshirn-Modus hineingleiten lassen. Eben dies geschieht mittels Atmung und der Vorstellung von Stock oder Rute. Dann wird dies mit dem Nachbildtraining verknüpft, das der Bildvisualisierung dient. Für Kinder ist diese Art Training recht einfach, für Erwachsene dagegen kann es tatsächlich sehr schwer sein. Da wir einen Großteil unseres Lebens der Linkshirn-Aktivität verschrieben haben, ohne dabei für die richtige geistige Ausrichtung zu sorgen, erscheint uns der Zugang zum rechten Gehirn sehr schwierig.

Rasches Blättern

Wie man mit Quantum Speed Reading Farbeindrücke hervorruft

Erwachsene besitzen die fest verankerte Gewohnheit, beim Durchblättern eines Buches dem gedruckten Wort zu folgen. Um diese Gewohnheit zu durchbrechen und abzulegen, empfiehlt es sich, ein Buch mit verbundenen Augen durchzublättern. Sofern das Vortraining mit dem orangefarbenen Kartensystem durchgeführt wurde, werden die Farben sogar mit Augenbinde deutlich zu sehen sein. Ist dies einmal geschehen, gilt es im nächsten Schritt, deren Bedeutung zu erfassen. Danach wird es relativ einfach, den Kerninhalt von Büchern zu verstehen, indem man die Augenbinde wiederholt abnimmt und dabei die sichtbaren Farben bestätigt findet.

Oftmals kommen beim Augenbinden-Training Bilder zustande, die nichts mit dem Inhalt des Buches zu tun haben. Dies ist ein Hinweis dafür, daß – innerhalb des dreiteiligen Aufbaus des Gehirns – nicht allein der Bereich des rechten Gehirns erreicht wurde; es findet hierbei ein Durchsickern vom linken zum rechten Gehirn statt. Aus diesem Grund gibt es, selbst wenn die Wahrnehmung klar ist, eine Verständnislücke zwischen diesem Eindruck und dem, was uns durch den wesentlicheren Blickwinkel des Rechtshirn-Bewußtseins zugänglich würde.

Beherrscht man QSR mit Augenbinde, sieht der nächste Schritt so aus, daß man die Binde abnimmt und die Farben mittels Blättern in Höchstgeschwindigkeit hervorruft. Obwohl das endgültige Ziel darin liegt, Bilder ohne die Augenbinde wahrzunehmen, ist noch eine Menge Übung notwendig, bis dieses Stadium erreicht werden kann.

Welche Bücher eignen sich zum Quantum Speed Reading?

Wie leicht sich die Ebene der Quantenschwingung erreichen läßt, ist von Buch zu Buch verschieden; es hängt vom Inhalt ab. Leicht zugängliche Bücher sind zunächst einmal solche, in denen der Verfasser seine Aussagen sehr klar zum Ausdruck bringt. Hat ein Autor zum Beispiel seine Haltung einer bestimmten Ideologie gegenüber in sehr kraftvolle Worte gekleidet, ist es meiner Meinung nach leichter, den Inhalt seines Buches zu erfassen. Zweitens lassen sich Bücher, die von der Natur im Allgemeinen handeln, ebenfalls sehr eindrücklich erfassen, da wir allesamt Lebewesen sind und Interessen haben, die über den menschlichen Bereich hinausgehen. Beispiele dafür wären Bücher über Pflanzen, Tiere, Meere oder Berge. Drittens sind solche Bücher leicht zugänglich, die das eigene Interessengebiet berühren. Beim Auswählen der Bücher für das QSR-Training ist es also besser, mit Büchern aus den genannten Kategorien zu beginnen. Eine gute Methode zum Erzeugen von Farben und Bildern ist es auch, solche Bücher durchzublättern, deren Inhalt man bereits kennt. Auf diese Weise werden wir damit vertraut gemacht, die aus den Büchern kommenden Botschaften aufzunehmen, und können das für uns ideale Blätter-Tempo herauszufinden.

Fixierübungen mit Mustern und Begriffen

Fixierübungen sind ein Trainingssystem, bei dem es darum geht, ein Muster oder eine Reihe von Begriffen zu fixieren und dann zu den dabei entstehenden geistigen Bildern vorzudringen. Bei den Mustern empfiehlt es sich, solche zu verwenden, die symbolische Bilder wie Mandalas oder Muster aus der Natur widerspiegeln. Was die Begriffe anbelangt, so können wir zum Beispiel das Wort AMEISE wählen, und indem wir das Wort fixieren, werden in unserem Geiste Bilder entstehen. Durch wiederholtes Training erlangen wir die Fähigkeit, das Bild einer Ameise zu erschaffen, die auf einer Blattspitze sitzt, oder von Ameisen, die Nahrung schleppen. Lautet das Wort GEBURT, und die Person ist weiblich, wird sie vielleicht die Geburt ihres eigenen Kindes vor sich sehen. Kurz gesagt: Das Wort ruft Bilder wach.

Obwohl unser rechtes Gehirn viel Information enthält, ist es schwer, einen Zugang dazu zu finden. Das liegt daran, daß diese nur unter großen Schwierigkeiten zur Ebene der Bilderwelt vordringen kann. Es gibt jedoch auch Zeiten, wenn die Bilder einfach plötzlich da sind; das passiert, wenn in der richtigen Umgebung die richtigen Bedingungen herrschen. Stellen Sie sich zum Beispiel vor, Sie sind auf der Schulabschlußfeier eines Freundes. Was nun aus dem Informationsspeicher Ihres rechten Gehirns hervordringt, sind vielleicht Bilder von der Abschlußfeier Ihres eigenen Kindes. Daraus läßt sich schließen, daß wir, wenn die richtigen Bedingungen herrschen, stets auf solche Bilder zugreifen können. Berücksichtigt man dies, kann ein Training, das Erinnerungen mit Hilfe von Worten weckt, auf die gleiche Weise wirken wie ein Kanal zwischen dem rechten und dem linken Gehirn.

Zum Training gehören Intensität, Häufigkeit und Beständigkeit

Beim QSR-Training geht es nicht darum, täglich stundenlang zu üben. Was wirklich notwendig ist, sind die drei Pfeiler Intensität, Häufigkeit und Beständigkeit. Wichtig ist demnach, das Training nach besten Kräften drei Monate lang im täglichen Modus auszuführen. Entscheiden Sie nicht schon vorher, wie viele Stunden Sie dem Training täglich widmen möchten, weil sonst von diesem Moment an das linke Gehirn in Aktion tritt. Anstatt sich mit einem strengen Zeitplan anzutreiben, ist es besser, das Training mit Freude fortzusetzen.

Im allgemeinen erfordert das Training eine Zeitspanne von drei Monaten. Dies ist die Mindestzeit, die man benötigt, um Rechtshirn-

Pfade anzulegen. Wie bereits erwähnt: Das linke Gehirn bahnt sich seine Pfade durch einen Aufbauprozeß, und so wird die daraus resultierende Zahl an Schaltkreisen davon abhängen, wie lange man trainiert. Das rechte Gehirn dagegen baut nicht auf der Grundlage dessen, was auf lineare Weise erlernt wurde, sondern in parallelen oder lateralen Schaltkreisen. Die auf solche Weise geöffneten „Kanäle" zum rechten Gehirn können im späteren Leben breiter oder schmaler werden; sofern man sie aber regelmäßig benutzt, werden sie nie wieder zerstört. So gesehen ist es ähnlich, wie wenn man das Fahrradfahren lernt.

Zeit, Raum und Entfernung sind ohne Belang

Die bisherigen Ausführungen bezogen sich auf die Methodik des Anfängertrainings. Bei den fortgeschrittenen Schülern geht es nun nicht mehr nur darum, das Buch zu verstehen, das sie in Händen halten. Auf dieser Stufe wird man zur QSR-Bilderwelt jenseits der linearen Raum-Zeit-Matrix vordringen und beispielsweise Bilder von weit entfernten und unbekannten Orten wachrufen können. Mit Hilfe des QSR-Trainings kann man Informationen über solche Orte erlangen. Da Fähigkeiten dieser Art beim Training zutage treten, will ich kurz darauf eingehen.

Nachdem die Schüler in unseren Kursen sich ohne Mühe angeeignet hatten, wie man QSR bei normalen Büchern durchführt, bestand der nächste Schritt in der Anwendung von QSR jenseits der Grenzen von Zeit und Raum. Als erstes ließen wir unsere Schüler Bilder von der Stanford University erschaffen. An diesem Punkt ihres Trainings war ihnen der Unterricht schon ziemlich vertraut, und sie brachten sehr detaillierte Bilder hervor. Obwohl sie die Stanford University nie gesehen hatten, stimmten die Eigenschaften in ihren Bildern tatsächlich gut mit der Realität überein. Hier war eine Tennishalle, dort ein breiter Gang, hier oder dort standen Bücher in einer Bibliothek und so weiter. Die Gebäudeanordnung nahmen sie sehr genau, und ich war ziemlich schockiert, als ich Fotos von Stanford sah und feststellen mußte, daß sie genau damit übereinstimmten.

Danach ließen wir sie Bilder davon erschaffen, wie sie sich in der Universitätsbibliothek ein Buch nahmen, es lasen und seinen Inhalt verstanden. Die Kinder konnten uns schildern, welche Art Bücher sich in der Stanford-Bibliothek befanden und daß es dort eine Menge sehr spezieller Forschungsarbeiten gab. Als sie sich die Harvard University vorstellten, sahen sie eine Menge Bücher, die sich mit einer besseren Gesellschaft befaßten. Später ließen wir die Kinder nach Literatur über Lao Tse suchen, oder wir ließen sie nachsehen, was die Gebrüder Wright geschrieben hatten. Sie schafften beides mit Leichtigkeit. So gelangten wir zu dem Schluß, daß die QSR-Technik keineswegs durch Raum und Zeit beschränkt war.

Selbst leere Buchseiten können Information vermitteln

Wenn es uns möglich ist, das Gefüge von Raum und Zeit zu verlassen, warum sollten wir dann, als weiteren Schritt, nicht auch Informationen aus dem Nichts beziehen? Wir ließen die Schüler ein leeres Buch durchblättern, das wir mit „Persönlicher Werdegang, meine eigene Geburt“ betitelten. Das Ergebnis war, daß sie Szenen ihrer Geburt und ihres Werdegangs erblickten. Zum Beispiel sahen sie sich blutverschmiert während ihrer Geburt oder wie ihr Vater sie liebkoste. Ihre Eltern bestätigten diese Eindrücke später; es handelte sich also nicht nur um Kinderphantasien. Das Durchblättern eines anderen Buches mit leeren Seiten, das den Titel „Seltene Insekten dieser Welt“ trug, führte dazu, daß einer der Schüler ein seltenes Insekt sah. Er berichtete von einem grünen Marienkäfer auf dem weißen Buchumschlag. Ich kenne mich mit Insekten nicht aus, aber zufällig war in der Klasse ein Junge, der „Käferspezialist“ war, und dieser bestätigte uns, daß ein solches Insekt tatsächlich existiert. Man kann also eine Menge unterschiedlicher Informationen mit Hilfe dieser Leerbuch-Technik abrufen, was wir auch wiederholt taten. Es geht hier nicht allein darum, das rechte Gehirn zu erweitern, sondern zugleich darum, mit einer weitaus tieferen Realitätsebene in Kontakt zu treten.

Leere Buchseiten als zusätzliches Hilfsmittel für deutlichere Imagination

Die Arbeit mit leeren Büchern, die als Katalysator für die QSR-Technik dient, um in die Bildersphäre jenseits von Raum und Zeit vorzudringen, nennt man *Bilder-QSR*. Nachdem wir diese Bilderwelt genutzt hatten, um an Informationen über eine bestimmte Gegebenheit zu gelangen, wählten wir als nächstes ein Thema, das wir mit Hilfe eines leeren Buches behandeln wollten. Ein Beispiel dafür wäre der Urknall. Das Durchblättern eines leeren Buches mit dem imaginären Titel „Der Urknall“ führte dazu, daß Bilder vom Urknall erschienen. Diese Bilder kamen zusammen mit geschriebenen Erklärungen. Anstatt einfach nur die Bilder zu sehen, benutzten wir das leere Buch in unserem Fall als Katalysator, um sehr spezielle und detaillierte Informationen abzurufen.

Als wir uns danach überlegten, daß wir bestimmt auch etwas über Geschichte lernen könnten, wenn wir die leeren Buchseiten durchblätterten, zeigte es sich, daß das gesamte geschichtliche Wissen von den Anfängen bis zur Gegenwart auf den leeren weißen Seiten für uns verfügbar war. Man muß zugeben, daß mit der Leerbuch-Technik weitaus deutlichere Bilder erzeugt werden können und daß es sich dabei um ein ergänzendes Hilfsmittel handelt, um auch geschriebene Erklärungen zu bekommen. Wenn zum Beispiel ein Schüler ein Gedicht verfaßt, so kann er auf das leere Buch zurückgreifen und sieht dann die Worte des Gedichts vor sich. Er oder sie braucht sie dann nur noch niederzuschreiben.

Vor allem Erwachsene finden es leichter, Bilder mit Hilfe eines leeren Buches zu erzeugen, als zu warten, bis diese sich durch reine Suggestion formen. Natürlich erschienen die geschriebenen Erklärungen unseren Schülern auf japanisch, wobei die komplizierten Kanji-Schriftzeichen bereits in Hiragana-Lautschrift entschlüsselt waren. Der Computer des rechten Gehirns setzt die Schriftzeichen ganz automatisch um.

„Hineinfliegen“ und lesen, ohne umzublättern

Es gibt zwei Methoden, QSR auszuführen. Eine davon ist die bereits besprochene Art und Weise, ein Buch durchzublättern. Darüber hinaus gibt es noch eine weitere Methode, die wir als „Hineinfliegen“ bezeichnen. Dabei verkleinert man sich selbst mittels Imagination auf Miniaturgröße, um in den Körper einer anderen Person oder ein Buch eindringen und dort entweder einen Eingriff vorzunehmen oder Informationen einzuholen. Durch die Anwendung dieser QSR-Technik können wir beispielsweise in einen menschlichen Körper eindringen, um eine Krankheit zu heilen, oder in einen Apfel schlüpfen, um zu sehen, wie viele Kerne sich darin befinden, oder auch in einen Stein oder das Erdreich, um Bilder zu empfangen. Bei dieser Technik verwandelt man seine eigenen körperlichen Bausteine in Wellen und kann dann auf diesen Quantenwellen „fliegen“. Zum Beispiel könnte man ein Buch in eine Papiertüte stecken und anschließend „hineinfliegen“. Das auf Miniaturgröße geschrumpfte Selbst könnte in das Buch eindringen, sich mit Leim einreiben, in der Vorstellung über die Seiten kullern und deren Inhalt über die Haut „aufnehmen“. Diese Methode ähnelt der Fernwahrnehmung, einem außersinnlichen Wahrnehmungs- bzw. PSI-Phänomen. Es ist eine Form des Schnell-Lesens, bei der sich das Durchblättern eines Buches erübrigt. Im Gegensatz zur Blättermethode werden mit der QSR-Technik des Hineinfliegens mehr Informationen gewonnen und tiefere Schichten des Zwischenhirns erreicht. Diese Methode befindet sich allerdings noch im Entwicklungsstadium; in Bereichen wie etwa solchen, die mit einer Verbesserung der Lernfähigkeit befaßt sind, kommt es dabei noch zu gewissen Problemen. Als nächstes wollen wir mit Hilfe dieser Quantenschwingung zu mehr Information gelangen, indem wir unsere computerähnlichen Begabungen ungehindert nutzen.

Wir sitzen alle in einem Kreis zusammen und lesen innerhalb weniger Minuten an die 50 Bücher.

Bild von einem Flußkrebs, der im Zuge des Imaginationstrainings gemalt wurde.

Beim Durchblättern von Büchern werden Farben zu Bildern.

Hellgrüne und blaue Farbtöne treten aus dem Buch hervor.

Helle Regenbogenfarben treten hervor.

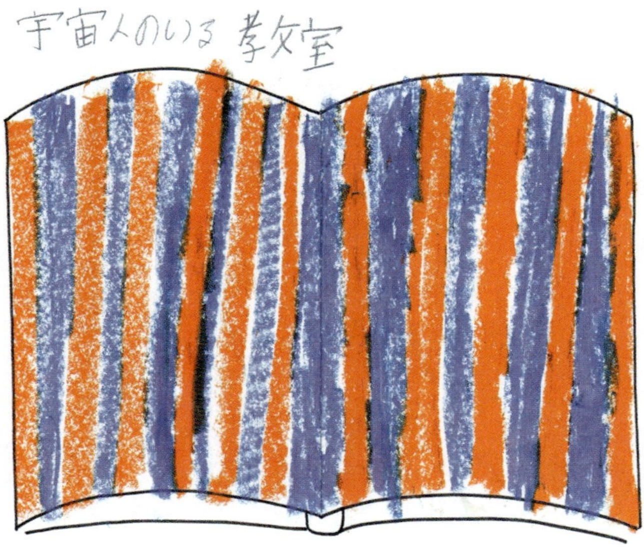

Manchmal treten Farben in Streifenmustern hervor.

Farbe und Gestalt nehmen Form an.

Wird das Augentraining beschleunigt, treten Farben, Licht und Formen hervor.

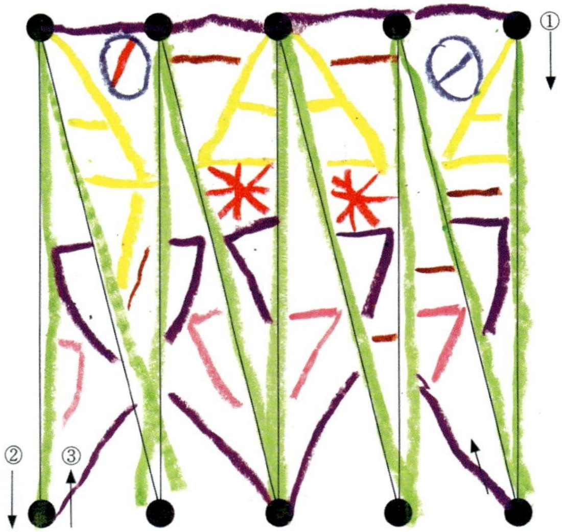

Treten Farbe und Licht hervor, können wir zum Schnell-Lesen übergehen.

Die Fähigkeiten des rechten Gehirns haben sich verbessert, sobald Farbe und Form auftauchen.

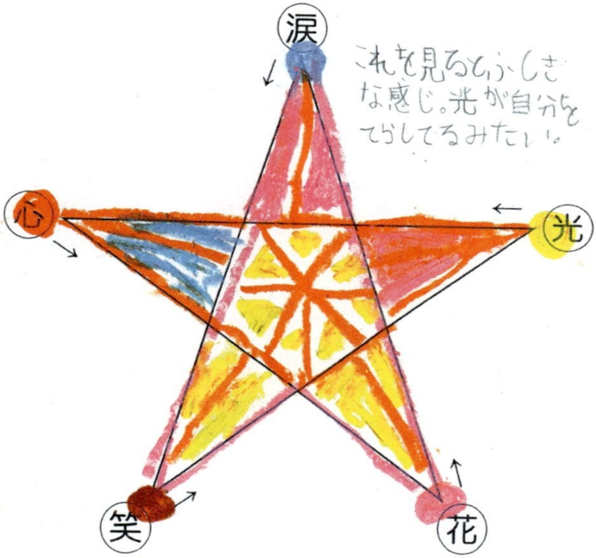

Arbeiten wir beim Augentraining mit Buchstaben,
werden die Bilder von Sinneswahrnehmungen begleitet.

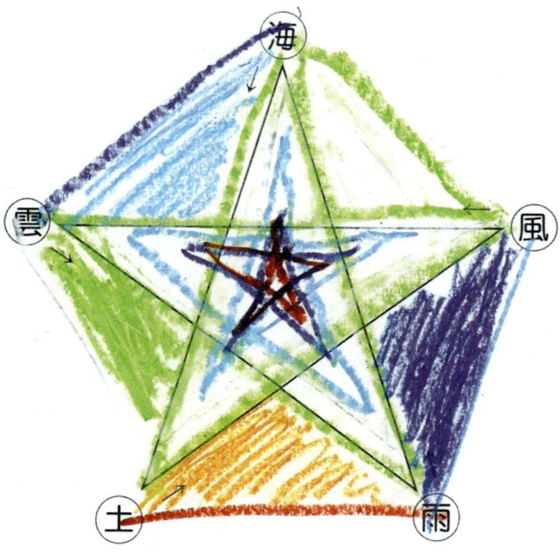

Die Verwendung von Buchstaben beim Augentraining stimuliert
die fünf Sinne, und es kommt zu einem QSR-ähnlichen Phänomen.

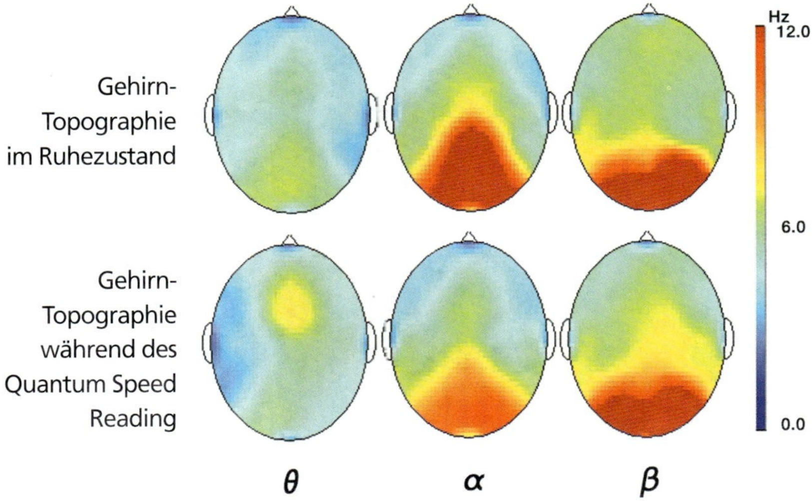

(Oben) Gehirn-Topographie im Ruhezustand beim Quantum Speed Reading. Diese Gehirn-Topographie wurde im August 2001 von Dr. Kimiko Kawano (Japan Medical University) an T. G. durchgeführt. Man sieht, daß im Zustand der Konzentration sowie beim Ausführen von QSR aus dem vorderen Zentralbereich Theta-Wellen austreten. Diese Art von Gehirnwellen eignet sich zum Lernen und taucht kontinuierlich in den vorderen und mittleren Zonen des Schädels auf (etwa die Mitte des Bereichs zwischen Scheitelpunkt und Stirn).

ブラックホール合体直前

岐阜大など初観測

ただし 完了は1千万年後

巨大なブラックホール同士が合体する直前の様子を、岐阜大の須藤広志助手（電波天文学）らのグループが世界で初めて観測した。合体が終わるのは約1千万年先で、周囲の物質を取り込み、太陽の数百億倍の重さの超巨大ブラックホールになるとみられる。ブラックホール成長の理論を観測から裏付けた。23日発行の米科学誌サイエンスで発表される。

グループは、アンドロメダ座の約2億6千万光年先にある銀河3C66Bの高エネルギー粒子の「噴水」に注目。銀河の中心部で噴水の根元が楕円状に動く様子を観測した。その動きから、合わせると太陽の約100億倍の重さになる二つのブラックホールが互いの周囲を回っていることがわかった。

10万光年

銀河3C66Bの中心部（楕円部分）に合体直前の巨大なブラックホールがある。左右に噴出しているのが高エネルギー粒子＝米電波天文台・米北東部大学連合提供

(Links) Ein Bericht aus der Asahi-Zeitung vom 23. Mai 2003 bestätigt ebenso wie das Magazin Science, daß es – wie unser junger Schüler K. bemerkt hatte – viele Arten von Schwarzen Löchern gibt.

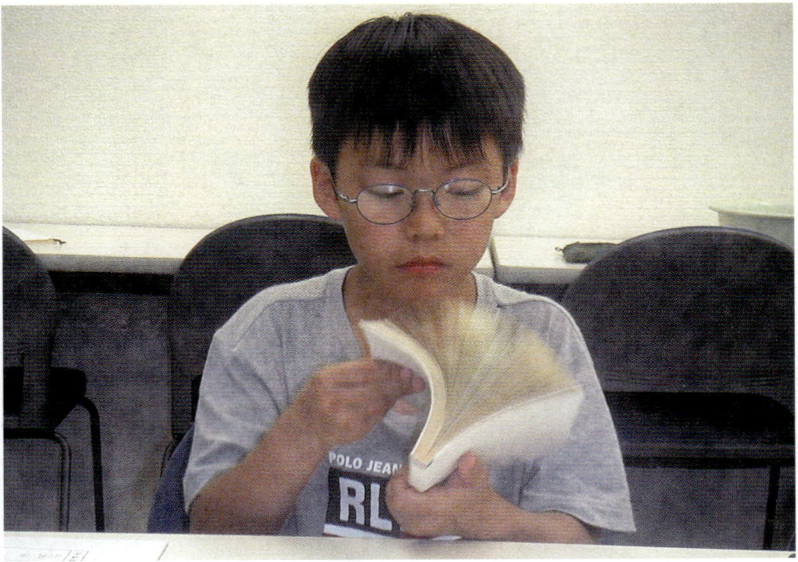

Durch das rasche Durchblättern eines englischen Buches gelingt es diesem Schüler, den Inhalt zu verstehen mittels der entstehenden Umsetzung ins Japanische und dem „Ausströmen" von Bildern.

Schüler sehen nicht nur Farben, Licht und Bilder aus den Büchern hervortreten, sondern können auch Düfte und Geräusche wahrnehmen.

Das Lagerfeuer: Fixieren Sie 30 Sekunden lang den oberen schwarzen Punkt, danach den unteren. Sie werden die schwache Andeutung eines roten Feuers über den Holzscheiten sehen. Wenn Sie weiter auf den schwarzen Punkt blicken, werden die Flammen immer deutlicher. Falls nicht, atmen Sie langsam ein, fixieren Sie erneut den Punkt in der grünen Flamme, und beginnen Sie von vorn.

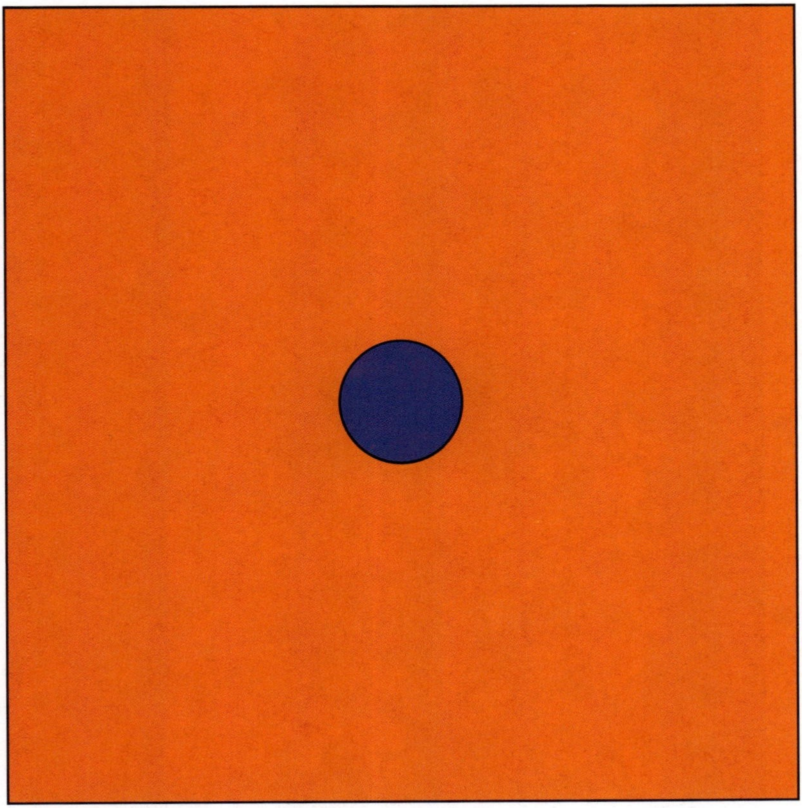

Die orangefarbene Karte: Durch dieses Training erlangt man die Fähigkeit, Bilder zu visualisieren. Versuchen Sie den blauen Punkt 30 Sekunden lang zu fixieren, ohne zu blinzeln.

3D-Stereogramm: Das Stiefmütterchen-Beet. Was können Sie zusammen mit den Schmetterlingen, die der Blütenduft angezogen hat, noch sehen?

Kreise, die aus Kreisen geboren werden. Legen Sie das Buch quer vor sich hin, und sehen Sie, wie zwei Mandalas zu einem verschmelzen.

Die sieben Farben des Regenbogens. Beginnen Sie mit Ihrem Nachbild-Training vom roten Punkt abwärts.

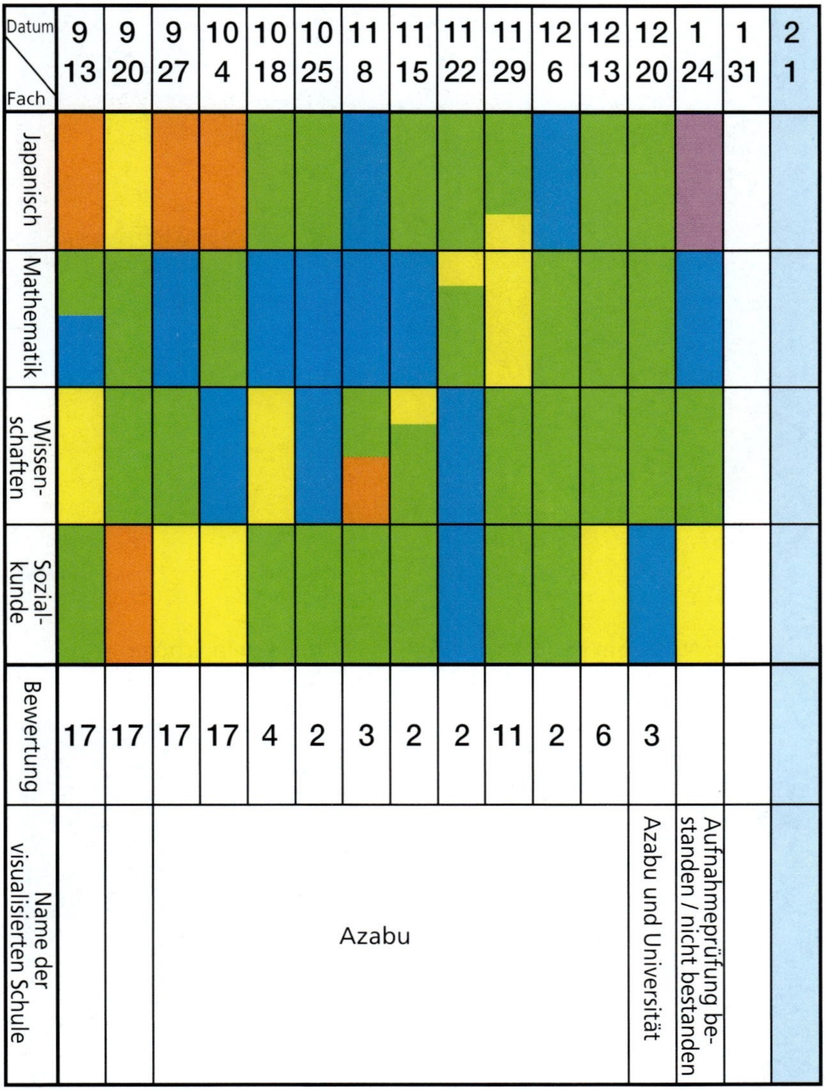

QSR und Prüfungsvorbereitungen

Wir ließen unsere Schüler Lehrbücher von Vorbereitungsschulen im QSR-Verfahren lesen. Das Bild zeigt die wahrgenommenen Farben sowie deren Zusammenhang mit den Bewertungen an der Vorbereitungsschule.

Nachdem er QSR durchgeführt hat, malt ein Schüler
die aus dem Buch hervorgetretenen Farben.

Diese Mädchen tun dasselbe.

6

Praktisches Training

Indem wir diese Methode, in das Reich der Imagination vorzudringen, ausführen, wird es sogar Erwachsenen gelingen, innere Bilder zu schauen; ihre Intuition wird aufblühen, und sie werden dazu fähig sein, die aus einem Buch kommenden Botschaften zu erfassen.

Beginnen wir unsere QSR-Praxis mit einer Einführung in das Kinder-Programm. Die eigentlichen Schritt-für-Schritt-Anweisungen finden sich in Kapitel 10, die Bilder, auf die wir uns beziehen, bei den Farbtafeln.

Das Trainingsprogramm für Kinder

Stufe 1: Imaginations- und Augentraining

Fixierübungen

Behalten Sie Ihren Atemrhythmus bei, während Sie sich das Wort „Blume“ ansehen. Beim Ausatmen entfernen Sie sich von dem Wort „Blume“, und beim Einatmen kommen Sie ihm wieder näher. Welche Arten von Bildern entstehen dabei?

Nachbild-Training

Betrachten Sie das Bild eines Lagerfeuers. Fixieren Sie 30 Sekunden lang den schwarzen Punkt im Inneren der grünen Flamme, danach richten Sie den Blick auf den unteren schwarzen Punkt. Sie werden über dem Brennholz ganz schwach ein rotes Feuer sehen.

3D-Stereogramm

Hier sehen Sie ein Beet mit Stiefmütterchen. Fixieren Sie die violetten Punkte unterhalb des Bildes, und Sie werden eine seltsame Form wahrnehmen, als flöge etwas auf Sie zu.

Augentraining

(Verwenden Sie dazu die Diagramme in Kapitel 10.) Beginnen Sie mit Auf- und Abwärtsbewegungen der Augen. Folgen Sie mit den Augen rasch der Pfeilrichtung im Diagramm. Sie können ein Metronom zu Hilfe nehmen, um das Tempo allmählich zu beschleunigen. Danach gehen Sie zum Diagramm mit den Links/Rechts-Pfeilen über und machen schließlich die Augenübungen zu den Auf-/Diagonal-/Abwärts-Bewegungen. Stellen Sie sich dabei vor, wie sich die Erde zu Wind, Wolken und Regen bewegt. Wie hat es geklappt? Konnten Sie das Tosen des Meeres hören, das Geräusch des Regens, oder konnten Sie seinen Geruch wahrnehmen? Haben Sie sich erst einmal an diese Übungen gewöhnt, prüfen Sie, ob irgendwelche Farben sichtbar werden. Sehen Sie sich die Farben an, die die Kinder in ihre Bilder gemalt haben. Versuchen Sie, die Farben zu malen, die Sie gesehen haben.

Stufe 2: Hineinfliegen

Zum „Hineinfliegen“ gehören Atemtechniken und eine einfache Meditation, bei der man in den eigenen Körper oder in ein Buch „hineinfliegt“. Versuchen Sie es erst mit Ihrem Körper, dann mit einem Buch.

Stufe 3: Entspannung – Konzentration – Visualisierung

Ruten- bzw. Stockbild-Übung

Legen Sie sich hin, und atmen Sie in langen, flachen Zügen, dann visualisieren Sie sich selbst als Stock oder Stab.

Training mit künstlichem Licht

Stellen Sie eine Tischlampe mit nackter Birne etwa zwei Meter von sich entfernt auf, und nehmen Sie ein Buch, das Sie noch nie gelesen haben. Dann blicken Sie ein paar Sekunden lang auf die Glühbirne und schließen danach die Augen. Das Bild des Lichtes wird vermutlich zwischen Ihren Augen erscheinen. Während Sie das Bild festhalten, fliegen Sie in das Buch hinein und „lesen“ seinen Inhalt. Sie können sich für eine spezielle Seite entscheiden und später auf eben dieser Seite nachprüfen, ob der geschriebene Text es bestätigt.

Stufe 4: Fixierübungen und Nachbildübungen

Wenn Sie das Augentraining beendet haben, legen Sie sich hin, und atmen Sie in langen, flachen Zügen. Nach dieser Übung fahren Sie mit dem Stock-Bild-Training, dem Üben mit künstlichem Licht und mit QSR unter Verwendung einer Augenbinde fort. (Das heißt, Sie sollen mit verbundenen Augen das Buch schnell-lesen, indem Sie Farben und Bilder sehen und auch irgendwelche Botschaften aufnehmen.)

Augentraining für Erwachsene

Die folgenden Übungen orientieren sich an der festgesetzten Vorgehensweise, die wir bei der QSR-Ausbildung von Kindern anwenden. Wenn es Ihnen gelingt, bis Stufe 4 zu kommen, scheint es sehr wahrscheinlich, daß Sie QSR gut ausführen können. Obwohl Kinder, die ja nur wenig voreingenommen sind, es allem Anschein nach sehr schnell schaffen, benutzen wir beim Erwachsenentraining das gleiche System. Auch bei ihnen beginnen wir mit dem Nachbild-Training, wobei wir auf die grundlegende Wahrnehmung künstlicher Lichtquellen und danach auf die Technik mit den orangefarbenen Karten zurückgreifen. Als nächstes arbeiten wir mit dem Augentraining zur Erzeugung von Licht und Farben; und genau hier ist der Punkt, wo ein großer Zeitaufwand nötig wird, wenn man mit Erwachsenen arbeitet. Hier beginnen wir auch mit dem „Kameraverschluß"-Training: Dazu gehört rasches Augenblinzeln, damit das Gehirn nicht mehr unterscheiden kann, ob die Augen offen oder geschlossen sind. Dies gestattet es der visuellen Bilderwelt, selbst bei geschlossenen Augen aktiv zu werden. Bei dieser Übung ist es wichtig, in höchstmöglicher Geschwindigkeit zu blinzeln. Eine weitere Technik besteht darin, das Augentraining erst mit offenen, dann mit geschlossenen Augen durchzuführen. Durch die Benutzung dieser Imaginations-Trainings-Methoden können selbst Erwachsene Bilder sehen, ihre Intuitionsgabe verbessern und Inhalte von Büchern erfassen.

Das Trainingsprogramm für Erwachsene

Der Fragebogen „Child-Power-Test für Erwachsene" ist eine Methode zur Kalibrierung der Fähigkeiten, die für die Ausführung von

QSR notwendig sind. Je höher Ihre Child-Power-Punktzahl ist, desto leichter wird es Ihnen fallen, QSR anzuwenden. Bei einer niedrigen Punktzahl besteht allerdings keinerlei Anlaß, zu verzagen. Das folgende Training sollte es Ihnen ermöglichen, Ihren Anteil an Child-Power zu erhöhen.

Stufe 1: Imaginations- und Augentraining

Die Fixiertechnik, das Nachbild-Training sowie die 3D-Stereogramm-Übungen sind identisch mit den Übungen für Kinder.

Beim Augentraining visualisieren Sie zunächst Farben, beispielsweise rot, gelb und grün. Sollte die Visualisierung der Farben als solche schwer fallen, so stellen Sie sich die rote Farbe eines Apfels, das Gelb einer Zitrone oder Banane und das Grün einer Wassermelone vor. Im nächsten Schritt visualisieren Sie, draußen zu sein und zur Eingangstür Ihres Hauses zu laufen. Dann versuchen Sie herauszufinden, was sich gerade im Haus abspielt. Oder, falls Sie jetzt gerade zu Hause sind, visualisieren Sie, wie Sie zur Haustür eines Freundes gehen, und finden Sie heraus, was in seinem Haus gerade vor sich geht. Wer ist da? Was machen die Leute? Das Wichtige an dieser Übung ist, daß die Tatsachen nachgeprüft und bestätigt werden. Haben Sie zum Beispiel jemanden visualisiert, der Sie zu Hause besuchen kommt, rufen Sie an, und prüfen Sie nach, ob es stimmt.

Stufe 2: Hineinfliegen

Dies funktioniert auf die gleiche Weise wie beim Training mit Kindern: in den eigenen Körper und in eine Frucht hineinfliegen.

Um in ein bestimmtes Buch zu fliegen, wählen Sie ein Buch, über das Sie nichts wissen. Bei der Übung entspannen Sie sich, dann konzentrieren Sie sich, danach visualisieren Sie. Zuerst legen Sie sich hin und atmen langsam, dann machen Sie die Stab- oder Stock-Imagination. Als nächstes führen Sie das Training mit künstlichem Licht durch, dann das „Hineinfliegen“ in ein Buch. Wie im Programm für Kinder: „Fliegen“ Sie auf eine bestimmte Seite und prüfen später nach, was darauf geschrieben steht.

Stufe 3: Fixier- und Nachbild-Training

Machen Sie zuerst das Augentraining. Dann legen Sie sich hin, atmen langsam und machen die Stab- oder Stock-Imaginationsübung. Anschließend führen Sie das Training mit künstlichem Licht durch. Als nächstes verbinden Sie sich die Augen und fahren mit QSR fort. Aus dem Buch können Sie Botschaften, Farben und Bilder empfangen. Gelingt es Ihnen, die Gedanken und Gefühle des Autors zu erfassen?

7

Einfache Anwendungsmöglichkeiten für den Alltag

Ein Teil des Zuges war von einem milchigen Weiß erleuchtet. Ich fand heraus, daß dies freie Plätze bedeutete, also stieg ich in diesen Eisenbahnwaggon. Tatsächlich befand sich dort ein freier Sitzplatz.

Die Anwendung des Trainings im Alltag in einem für Sie stimmigen Tempo

Wie ist es Ihnen ergangen? Haben Sie es geschafft, sich die Trainingsziele einzuprägen? Ich würde vorschlagen, daß Sie täglich ein paar Minuten lang üben. Am Anfang wird es Ihnen schwer vorkommen, Fortschritte zu machen; zunächst aber geht es erst einmal darum, sich ans Üben zu gewöhnen, und zwar mehr als darum, etwas zu lernen. Sie werden zweifellos überrascht sein, wenn Sie entdecken, daß Sie über die Gabe verfügen, QSR anzuwenden. Manche Leute finden es leichter als andere, diese Fähigkeiten zu entwickeln. Diejenigen, die es leichter finden, sind Personen, die nicht gestreßt und/oder auf eine bestimmte Vorgehensweise fixiert sind. Dies führt dazu, daß sie die innere Bilderwelt relativ leicht schauen können. Oder anders ausgedrückt: Die Fähigkeit, gegebenenfalls aus den Schranken der linken

Gehirnhälfte herauszutreten, ist die eigentliche „Child Power“, das heißt die Fähigkeit, Informationen mit Hilfe der eigenen Sensibilität und der eigenen Gefühle zu verstehen. Für Menschen, die glauben, unser linkes Gehirn sei für das Lernen völlig ausreichend, mag dies anfangs schwer zu akzeptieren sein.

Es ist daher wichtig, daß man Spaß am Lernen hat und sich keine Gedanken darüber macht, ob man die Übungen erfolgreich absolviert. Einer der wichtigsten Punkte, vor allem bei Erwachsenen, besteht darin, daß man sein Lerntempo selbst bestimmt, sich nicht mit anderen vergleicht und sich nicht auf Resultate versteift.

Leere Sitzplätze in Zügen voraussagen

Das Wesentliche von QSR ist das Erschaffen innerer Bilder. Deswegen ist es unerläßlich, unentwegt weiterzutrainieren, um die inneren Bilder sehen zu können. Da Sie immer frustrierter werden würden, falls Sie es zu angestrengt versuchen würden, sie zu sehen, bitte ich Sie, bei der folgenden Übung so vorzugehen, als wäre es ein Spiel. Wenn Sie es als ein Spiel betrachten, nehmen Sie gewissermaßen eine Abkürzung auf Ihrem Weg, die rechte Gehirnhälfte zu entwikkeln. Hier eine Trainingsmethode, die dafür sorgt, daß ein Spiel daraus wird. Sagen wir, Sie sind gerade auf dem Heimweg von der Arbeit, und Sie sind müde, während Sie auf den Nahverkehrszug zugehen. In einer solchen Situation hätte jeder gerne einen Sitzplatz. Erwachsene mit einem Hauch Selbstachtung würden sich jedoch nie um einen freien Platz streiten. Statt dessen können Sie auf Präkognition zurückgreifen. Stellen Sie sich vor, wie der Zug hereinfährt, und visualisieren Sie die darin befindlichen Passagiere.

Als ich diese Übung zum ersten Mal machte, entstand in mir ein konkretes Bild von den Leuten im Zug; sie sahen aus wie runde Bälle. Ein Teil des Zuges war von einem milchigen Weiß erleuchtet. Ich fand heraus, daß dies freie Plätze bedeutete, also stieg ich in diesen Eisenbahnwaggon. Tatsächlich befand sich dort ein freier Sitzplatz. Natürlich hätte es auch Zufall sein können, deshalb machte ich es am nächsten Tag erneut. Und tatsächlich fand ich wieder einen freien Platz. Am nächsten Tag sah ich zwei milchigweiße Flecken leuchten, doch als ich einstieg, waren diese Plätze besetzt. Bei der nächsten Station jedoch verließen die Leute, die auf diesen Plätzen gesessen hatten, den Zug, und ich konnte mich setzen.

Da es sich hier um eine relativ einfache Stufe des Imaginierens handelt, glaube ich, daß auch Anfänger diese Übung erfolgreich ausführen können. Obwohl dies QSR-Training ist, können Sie es ganz entspannt angehen, ohne sich selbst übermäßig unter Druck zu setzen.

Mit Hilfe der Bilderwelt die Schlafzeit verdichten

Da wir Japaner so geschäftig sind, reduzieren wir oft die Zeit, die wir zum Schlafen brauchen. Deshalb wären viele von uns froh, eine Möglichkeit zu kennen, um die Schlafzeit zu verdichten, falls so etwas überhaupt möglich ist. Genau dies leistet die folgende Übung, und zwar mit Hilfe von Selbsthypnose, bei der man sich der inneren Bilderwelt bedient. Dazu gehört Autosuggestion. Direkt vor dem Schlafengehen versteifen und entspannen Sie Ihren Körper mehrmals hintereinander. Dann pflanzen Sie sich folgende Autosuggestion ein: „Morgen früh habe ich acht Stunden lang tief geschlafen, alle

Müdigkeit ist von mir gewichen, und ich erwache mit glänzenden Augen und putzmunter." Auf diese Weise programmieren Sie Ihr Unterbewußtsein, damit Sie, auch wenn Sie in Wirklichkeit nur sechs Stunden schlafen, später das Gefühl haben, Sie hätten acht Stunden wertvollen Schlafes hinter sich. Die Schlafzeit läßt sich auf diese Weise wirklich verdichten, und Sie wachen dennoch erfrischt auf. Dies ist eine von vielen QSR-Techniken, die sich im Alltag anwenden lassen.

Eine Technik für inspirative Eingebungen am Morgen

Ebenso gibt es eine Methode, am Morgen inspirative Eingebungen herbeizurufen. Bevor Sie abends schlafen gehen, müssen Sie nur Ihr Unterbewußtsein mit dem Gedanken programmieren: „Morgen früh möchte ich ein paar Einsichten über diese und jene Situation haben." Wenn Sie dann am folgenden Tag aufwachen, werden Sie mit Ideen nur so überschüttet werden. Es empfiehlt sich daher, ein Notizbuch und einen Bleistift parat zu halten, um sich die Einsichten gleich aufschreiben zu können. Ich werde oft gebeten, auf Fachversammlungen eine Rede zu halten. Für solche Anlässe bereite ich längst keine Reden mehr vor, sondern ich entwickle meinen Vortrag aus den Notizen, die ich mir am Morgen hingekritzelt habe. Diese Art Übung können Sie mit einem Hauch von Spielerei selbst ausführen. Sie können versehentlich verlorene Gegenstände wiederfinden oder vergessene Erinnerungen zurückgewinnen. Ich empfehle Ihnen von ganzem Herzen, diese Techniken auszuprobieren.

Nie mehr zu spät kommen

Sehen wir uns ein anderes Beispiel an. Angenommen, Sie haben in Ihrem Job wirklich viel zu tun und neigen in zunehmendem Maße dazu, zu Verabredungen zu spät zu kommen. In einer solchen Situation sollten Sie sich eine Uhr hinter Ihren Augenlidern vorstellen. Erschaffen Sie ein inneres Bild von der Uhrzeit, zu der Sie an Ihrem Zielort sein müssen. Nehmen wir an, Sie müssen an einer Konferenz teilnehmen. In diesem Fall visualisieren Sie einfach, Sie würden dort pünktlich eintreffen und teilnehmen. Zuerst mag es so aussehen, als würden Sie es nicht rechtzeitig schaffen, doch in Wahrheit schaffen Sie es. Oder wenn Sie in einen anderen Zug umsteigen müssen, visualisieren Sie, wie Sie am Umsteigebahnhof ankommen, wo Ihr nächster Zug bereits auf Sie wartet; oder wie Sie genau in dem Moment den Bahnsteig erreichen, als der Zug mit bestem Timing gerade einfährt. Bei Auto- und Busfahrten können Sie eine reibungslose Fahrt visualisieren, um rote Ampeln oder Staus zu vermeiden. Probieren Sie es also aus: Nutzen Sie die innere Bilderwelt zur Regulierung Ihres Timings, um in der realen Welt Auswirkungen zu erzielen.

Wie man QSR in Buchläden anwendet

Für Erwachsene, die hauptsächlich von Linkshirn-Aktivitäten geprägt sind, ist das Pensum an Zeit, das innerhalb einer 24-Stunden-Periode dem QSR-Training gewidmet werden kann, minimal. Dies macht es schwierig, die rechte Gehirnhälfte auszubilden. Aus diesem Grund ist es wichtig, die innere Bilderwelt zunächst in den Abläufen des täglichen Lebens zu nutzen. Zum Beispiel gibt es eine Methode, die Art und Weise zu ändern, wie Sie Bücher und Zeitschriften lesen. Betrachten Sie zuerst das Cover, und versuchen Sie dabei, sich den Inhalt vorzustellen. Dann blättern Sie die Seiten durch, um an die Information zu kommen. Danach sehen Sie im Inhaltsverzeichnis nach, um was es geht und ob Sie richtig liegen.

Selbst wenn Sie die Bücher aus der Abteilung des Buchladens mit den Neuerscheinungen kennen, zögern Sie nicht und probieren Sie QSR an ihnen aus. Da dies nur einen Bruchteil der Zeit in Anspruch nimmt, die Sie bräuchten, um sie zu lesen, können Sie rasch die vorherrschenden gesellschaftlichen Trends erfassen. Bei Büchern mit vertrauten Genres neigt die linke Gehirnhälfte dazu, sich einzumischen; deshalb empfiehlt es sich, zum Schnell-Lesen Bücher aus anderen Bereichen zu wählen. Wenn Sie dies tun, wird sich Ihre Art und Weise, Dinge zu betrachten, in zunehmendem Maße ändern.

Veränderungen im Alltag vornehmen

Einen Großteil unseres Lebens haben wir uns vom Linkshirn steuern lassen. Deshalb kommt es selbst bei einem Spaziergang durchs Wohnviertel unbewußt zu einer dem Linkshirn entsprechenden Art des Gehens. Es ist daher vielleicht eine gute Idee, einen anderen Weg zur Arbeit oder zur Schule zu wählen oder sogar zu versuchen, zu einer anderen Uhrzeit aufzustehen. Wenn Sie zu Bett gehen, sagen Sie „Dankeschön“ zu Ihrem Körper und drücken damit Ihre Dankbarkeit für alles aus, was er für Sie leistet. Wenn Sie das immer wieder tun, wird sich in Ihrem Körper etwas verändern. Dies mag auf logischer Ebene schwer zu begreifen sein, aber versuchen Sie es einfach und betrachten Sie die Resultate. Zunächst ist es wichtig, daß

Sie sich selbst regelmäßig Anerkennung zollen. Ich empfehle Ihnen wärmstens, diese beiden Praktiken (Veränderungen in der täglichen Routine und Dankbarkeit Ihrem Körper gegenüber) immer wieder auszuüben.

Wie man Aufgaben schneller erledigt

Ein weiteres wichtiges Ergebnis ist, daß man Geschwindigkeit viel bewußter wahrnimmt. Dabei ist es entscheidend, daß Sie Aufgaben anders als gewohnt erledigen und dabei allmählich das Tempo steigern. Laufen und Staubsaugen sind nur zwei von vielen Alltagsdingen, die Sie schneller durchführen können. Das rechte Gehirn ist ein sehr viel tieferer Teil Ihrer selbst und wird deshalb oft vom bewußten Geist oder der linken Gehirnhälfte in Schach gehalten. Dies ist der Grund, warum Sie immer, wenn Sie gedruckten Text sehen, ungewollt versuchen, nur ein Wort auf einmal zu lesen. Um einer solchen Tendenz entgegenzuwirken, blättern Sie ein Buch einfach durch, als wäre das Ganze ein Spiel. Ich halte es für eine gute Idee, die Praxis des Durchblätterns zu üben, ganz egal, ob wir den Inhalt verstehen oder nicht. Obwohl wir ihn also bewußt nicht verstehen, erfassen wir seine Bedeutung auf unterbewußter Ebene dennoch ganz deutlich.

8

Was ich durch die Schulung der rechten Gehirnhälfte vermitteln will

Es heißt, 98 Prozent aller amerikanischen Kinder, die zu Wutanfällen neigen, wurden als kleine Kinder mißbraucht. Würde man die gleiche Studie in Japan durchführen, würde sich dagegen herausstellen, daß 80 Prozent der Kinder zu sehr beschützt wurden.

Der Fortschritt der Zivilisation hat das rechte Gehirn versperrt

Der Mensch ist ein Geschöpf der natürlichen Welt. Das Gehirn ist nicht einfach nur ein Computer. Weil wir im Reich der Natur leben, reagieren wir sensibel auf die farblichen Veränderungen unserer natürlichen Umgebung. Da gibt es die Erde, die Sonne und die Meere. Im Frühling ist alles grün, und im Herbst sehen wir das Rostbraun gefallener Blätter.

In früheren Zeiten gehörte es zum täglichen Leben der Menschen, sich durch die Natur zu bewegen – und zwar entschieden mehr als heutzutage. Um essen zu können, mußten sie selbst jagen und ihre Felder bestellen. Die fortschreitende Zivilisation hat dazu geführt, daß wir nur noch bestimmte Teile unseres Körpers benutzen. Gleichzeitig kam die Wende zur Vorherrschaft der linken Gehirnhälfte. Beobachtet man, wie die Menschen unserer Zeit miteinander kommunizieren – und zwar mit Hilfsmitteln wie Telefon oder E-Mail –, dann stellt man fest, daß alles viel müheloser geworden ist als früher. Unser technologisches Zeitalter ist zweifelsohne bequemer. Dennoch glaube ich, der Preis, den wir dafür bezahlen, ist der Verlust von Fähigkeiten, die wir besaßen, als wir noch in engem Kontakt zur natürlichen Welt lebten. Paradoxerweise glaube ich, daß die rechte Gehirnhälfte der Menschen in der Vergangenheit besser entwickelt war und es weit mehr intuitive Menschen gab. Ohne solche Fähigkeiten wären sie nicht in der Lage gewesen, in ihrer Welt zu bestehen. Vielleicht ist mit der Fortentwicklung der Gesellschaft das Bedürfnis nach diesen Fähigkeiten verblaßt, und genau dies ist der Grund für ihre Verkümmerung.

Der Versuch, das versperrte rechte Gehirn freizulegen

Während es wohl stimmt, daß die rechte Gehirnhälfte ihre Tätigkeit einstellte, als wir den Schwerpunkt auf das linke Gehirn verlagerten, ist es aber keineswegs der Fall, daß das rechte Gehirn verkümmert ist und sich so gut wie zurückgebildet hat. Nein, das rechte Gehirn ist weiterhin vorhanden. Die Tatsache, daß es uns erhalten geblieben ist, spricht wohl dafür, daß es uns, so lange es Menschen gibt, auch tatsächlich von Nutzen bleiben wird. Dasselbe gilt für das Zwischenhirn, das auch noch aktiv ist, weil wir es ebenfalls brauchen. Würden wir wieder als Geschöpfe der natürlichen Welt leben, so würden beide Regionen erneut aktiv werden. QSR ist keine außergewöhnliche Fähigkeit, sondern vielmehr eine uns innewohnende Gabe, die jeder von uns besitzt und weiterentwickeln sollte. Erobern wir uns diese Fähigkeit zurück, werden wir in gesundheitlichen, zwischenmenschlichen, sportlichen und anderen Bereichen einen positiven Schub verzeichnen.

Zuerst müssen wir die Kinder in ihren natürlichen Zustand zurückführen

Es gibt in unserer Gesellschaft alle möglichen Arten von Kindern. Während viele Kinder sich prächtig entwickeln, gibt es andere, die sich scheinbar aufgegeben haben. Was wir Erwachsenen niemals vergessen dürfen, ist, daß eine solche Situation oft das Ergebnis der Erziehung ist. Während ich mich mit Kindern, die rein und ungehemmt sind, am wohlsten fühle, begegne ich natürlich auch anderen. Vor einiger Zeit kam ein fünfjähriger Junge mit einer seltsam angespannten Miene in mein Klassenzimmer. Da er erst fünf war und eigentlich unbeschwert sein sollte, fragte ich mich, was sich in seinem Leben abspielte und eine solche Anspannung erzeugt hatte. Das erste, was in solchen Fällen zu tun ist, ist, die Spannung rings um die Augenpartie zu beseitigen. Ich will damit nicht sagen, daß das unbedingt vor dem Unterricht geschehen muß; an einem bestimmten Punkt ist es aber wichtig, das „ursprüngliche Kind" mit emotionaler Wärme zurückzuholen und die Augenspannung abzubauen. Ohne diesen Schritt zur Wiederherstellung der Vitalität des Kindes ist es sinnlos, Rechtshirn-Übungen zu machen.

Von der Wichtigkeit, das Dasein zu akzeptieren

In einem anderen Fall war es ein Mädchen, deren Tür zum Innersten ihres Herzen fest verschlossen war, als sie zum Unterricht kam.

Obwohl sie erst in die erste Klasse der Grundschule ging, mußte sie wirklich schlechte Erfahrungen gemacht oder unter großer Einsamkeit gelitten haben. Sie sprach nicht, und immer, wenn ich versuchte, sie zu berühren, stieß sie mich weg, was es mir unmöglich machte, mit ihr zu arbeiten. Sie sagte sogar: „Ich möchte weg von dieser Shichida-Schule."

Anstatt nach einer so langen Phase, in der ihr Herz nun schon verschlossen war, ihre Rechtshirn-Gaben gewaltsam ausbilden zu wollen, hielt ich es für besser, das Schloß nach und nach zu lockern. Bevor an irgendeine Form von Unterricht auch nur zu denken war, mußte ich erst einmal alles an ihr akzeptieren und freundlich mit ihr umgehen. So ging es eine lange Zeit. Erst zwei Jahre später geschah es, daß dieses Kind sein so ängstlich verschlossenes Herz endlich öffnete. Daraufhin gewann sie ihre kindlichen Wesenszüge zurück. Sie lernte es, sich selbst auszudrücken, war voller Leben und hatte immer ein Lächeln im Gesicht. Zu diesem Zeitpunkt geschah etwas Erstaunliches. Dieses streßgeplagte Kind, das sich in sich selbst eingeschlossen hatte und nicht in der Lage war, am Rechtshirntraining teilzunehmen, begann, nachdem sich ihr Herz geöffnet hatte, sich blendend zu entwickeln und neue Fähigkeiten auszubilden. Ich habe entdeckt, daß die Kinder, selbst wenn sie große Qualen erdulden müssen, ihre Unterrichtsaufgaben sorgfältig durchführen.

Die Individualität des Kindes erkennen

Beim QSR ist es wichtig, erst einmal jedem Kind direkt gegenüber zu sitzen, bevor man irgendwelche Überlegungen dazu anstellt, ob Fähigkeiten entwickelt werden können. Wesentliche Voraussetzung für das Training ist die Koexistenz mit dem Kind einerseits sowie das unmißverständliche Anerkennen des Kindes andererseits. Wenn die Lehrer den einzelnen Kindern direkt gegenüber sitzen, werden sie feststellen, daß es ganz verschiedene Arten von Kindern gibt. Zum Beispiel gibt es Kinder, die fast schon kleine Genies sind, sehr eigenständig denken und sich manchmal auf eine Weise verhalten, die den Horizont der Erwachsenen übersteigt. Bei solchen Gelegenheiten versuchen die Erwachsenen dann, sie in eine Form zu pressen. Sie sagen dem Kind, wie es sich zu verhalten habe und daß es bei dieser oder jener Gelegenheit die ihm gestellte Aufgabe verrichten müsse. In vielen Fällen wird dadurch das genaue Gegenteil erreicht. Wenn man versucht, geniale Kinder in eine Form zu pressen, werden aus ihnen noch lange keine „normalen" Kinder; zudem besteht eine gewisse Gefahr, daß sie kriminell werden. Jene, die als Genies gelten, wie das bei Einstein der Fall war, müssen mit der Liebe und Unterstützung ihrer Eltern und Lehrer gefördert werden.

Es gibt auch Kinder, die so lieb wie Engel sind. Solche Kinder machen den Eindruck, als könnten sie in jeder Gemeinschaft die Rolle derer übernehmen, die das menschliche Herz mit Frieden erfüllen. Es ist so wichtig, diese zärtlichen Herzen zu hegen und zu pflegen. Genauso gibt es aber auch eine Menge Kinder, die unter Streß leiden wie das obige Beispiel von dem Kind mit den verspannten Augen. Bei ihnen sollte man sich weniger darauf konzentrieren, ihre Fähigkeiten möglichst rasch herauszubilden, als vielmehr darauf, sie vom Streß zu befreien, indem man sie vom ersten Moment an akzeptiert.

Wie wir also gesehen haben: Es gibt viele verschiedene Arten von Kindern in der Gesellschaft. Beginnen wir mit der Erkenntnis, daß es sich bei allen um einzigartige Persönlichkeiten handelt. Ihnen direkt gegenüber zu sitzen, ist unverzichtbar. Meiner Meinung nach ist das der Ausgangspunkt.

Wenn Mütter Spaß haben, haben ihre Kinder ihn auch

In unserem täglichen Leben denken wir nur auf Linkshirn-Art. Um die völlig anders geartete rechte Gehirnhälfte im Alltag zu nutzen, müssen wir uns von der Welt der Worte dem Reich der Bilder zuwenden. Dabei geht es nicht darum, alles sofort richtig zu machen, sondern vielmehr darum, ein Gefühl dafür zu entwickeln. Ich glaube, wenn wir Erwachsenen beginnen würden, auf diese Weise zu denken, dann würde die Zahl der Kinder, die einen gestreßten Ausdruck in ihren Augen und verschlossene Herzen haben, drastisch zurückgehen. Für das zukünftige Erziehungs- und Bildungswesen wird die Art und Weise, wie Erwachsene und Kinder miteinander umgehen, ausschlaggebend sein. Das sollte jedoch für die Mütter nicht mit Streß verbunden sein, denn sind die Mütter gestreßt, geben sie diesen Streß an ihre Kinder weiter. Es ist deshalb für die Mütter sehr wichtig, Spaß im Alltag zu haben, damit sie die richtigen Bedingungen für die Entwicklung ihres Kindes schaffen.

Die Zusammenkunft der Familie am heimischen Herd ist die Basis

Professor Toshiyuki Sawaguchi von der Hokkaido-Universität vertritt eine gedanklich extrem provozierende These, derzufolge die mongolide Rasse Ostasiens bei der Geburt über eine unentwickelte Frontallappen-Assoziationssphäre verfügt. Da dieser Bereich unterentwickelt ist, wird die Kindererziehung äußerst wichtig. Angesichts dieser Situation wird uns klar, welch große Bedeutung früher der folgende Brauch hatte, daß nämlich der Großvater seine Enkelkinder um die Feuerstelle versammelte und sich mit ihnen beratschlagte. Für mongolide Kinder ist es unerläßlich, daß man mit ihnen mittels einer sensiblen Schwingung der Liebe kommuniziert. Dadurch lernen sie, wie man Liebe zurückgibt, so daß sie Beziehungen zu anderen Menschen pflegen, mit der Natur achtsam und mit Nahrungsmitteln nicht verschwenderisch umgehen können. Dies ist ein fundamentaler Aspekt für das Gedeihen eines Menschen. In der modernen Gesellschaft liegen häufig gerade hierin die Defizite.

Früher verrichteten Eltern und Kinder die fürs Leben notwendigen Haushaltspflichten gemeinsam. Beispielsweise war es in Japan, wenn die Mutter Miso-Suppe kochte, ein gewohnter Anblick, daß die Kinder die getrockneten Fischflocken zubereiteten, die als Einlage dienten. Heute ist es für die Familienmitglieder eine Seltenheit, sich hinzusetzen und gemeinsam am Eßtisch zu speisen. Der Vater kommt spät von der Arbeit nach Hause, und die Kinder sind nur zu unregelmäßigen Zeiten da, weil sie abends Nachhilfeschulen besuchen. Früher pflegte sich die Familie an einem bestimmten Ort zu versammeln und hatte dort die Möglichkeit, über die Angelegenheiten des Alltags zu sprechen. Eltern und Kinder hatten zahlreiche Gelegenheiten, um zusammenzusein, um so etwas wie „Großziehen" stattfinden zu lassen; dagegen gibt es heutzutage für eine Familie weniger Möglichkeiten zusammenzukommen, egal ob am Eßtisch oder sonstwo.

Liebe übermitteln und Respekt erweisen

Als solche, die in einem modernen Umfeld aufgewachsen sind, ähneln wir der mongoliden Rasse, deren Kinder zwar körperlich wachsen, aber mit einer Frontallappen-Assoziationssphäre ausgestattet sind, die unterentwickelt bleibt. Wir glauben, daß allein das Studium wichtig sei, und wechseln von einem Nachhilfe-Institut zum anderen, vergessen dabei aber die Wurzeln, die uns wachsen müssen, um voll entwickelte Menschen zu sein. Modernen Eltern mangelt es meist selbst an persönlicher Erfahrung familiärer Kommunikation, und wem diese Erfahrung fehlt, dem fällt es sehr schwer, seinen Kindern die Botschaft zu vermitteln. Was das Essen anbelangt, so beschäftigt man sich allenfalls mit dem Nährwert einer Speise, läßt jedoch die Beziehung zwischen den Menschen, die am Eßtisch sitzen, völlig außer acht. Dennoch ist dieser gemeinschaftliche Austausch sicher die wichtigste Basis, auf die wir unser Leben gründen sollten. Die Frage, ob man nun der rechten oder der linken Gehirnhälfte den Vorrang einräumt, muß aus der Schaffung einer starken kulturellen Grundlage erwachsen. Für die moderne Gesellschaft muß die Etablierung einer solchen Basis an oberster Stelle stehen.

Da die Menschen angelsächsischer Herkunft bereits mit einer voll entwickelten Frontallappen-Assoziationssphäre zur Welt kommen, lernen Amerikaner – im Vergleich dazu – auf einer eher abstrakten Ebene, so etwa über die Medien. Die mongoliden Rassen, einschließlich der Japaner, haben keine fertig ausgebildete Frontallappen-Assoziationssphäre; deshalb müssen ihnen einzelne Sachverhalte im kulturellen Kontext erläutert werden. Früher war es in Japan selbstverständlich, daß Generationen von Erwachsenen ihren Kindern mit

Liebe begegneten und die Kinder im Gegenzug den Erwachsenen Respekt entgegenbrachten. Auf diese Weise lernten sie, was Liebe und Respekt bedeuten. Daraus konnte dann beim Kind eine wichtige Urverbindung zwischen Herz und Hirn erwachsen.

Die Entwicklung des rechten Gehirns legt unsere eigentliche menschliche Natur frei

Die Entwicklung der rechten Gehirnhälfte mitsamt den damit verbundenen Fähigkeiten bei Kindern schreitet derzeit rasch voran. Dies geschieht durch Training. Es ist sicherlich unsinnig, die rechte Gehirnhälfte mechanisch zu trainieren, während wir unserem täglichen Leben nachgehen. Seit alters her leben die Menschen in Gemeinschaften zusammen. Ohne unseren größeren Gemeinschaftsgeist beginnen wir, gewohnheitsmäßig zu leben. Eltern erziehen ihre Kinder so, wie sie selbst von ihren Eltern erzogen wurden. Von Generation zu Generation wiederholen sich die gleichen Muster. Würde dies immer so weitergehen ohne irgendeinen Einfluß durch gesellschaftliche Veränderungen, so wäre das kein Problem. Tatsache ist aber, daß in dieser Welt Veränderungen stattfinden, die sich auf uns und unsere Art, mit Kindern umzugehen, auswirken. Machen sich die Kinder die entsprechenden Fähigkeiten zu eigen, müssen sie als Menschen, die in dieser Welt leben, auch dazu in der Lage sein zu erkennen, was für sie wichtig ist. Dann können sie als Erwachsene im wahrsten Sinne des Wortes ihren gesellschaftlichen Beitrag leisten.

Ich finde, wir sollten dies zu unserem obersten Ziel machen. Alle Eltern wollen, daß ihre Kinder es zumindest besser haben, und alle Kinder wollen, daß ihre Eltern sie mögen. Insofern ist es wichtig, daß wir die soziale Entwicklung unserer Kinder sehr aufmerksam verfolgen und uns nicht allein auf deren Studium konzentrieren. Wir müssen unsere Kinder mit Liebe erziehen und dafür sorgen, daß sie nicht unter Streß leiden. Während Eltern davon überzeugt sind, daß das, was sie tun, nur zum Wohle ihrer Kinder geschieht, projizieren sie in Wirklichkeit nur ihre eigenen Probleme auf sie. Die Erwartungen, die sie an die Kinder stellen, orientieren sich an dem, was sie selbst nicht erreichen konnten, und genau das wird eine Quelle für den Streß der Kinder. Sicher kann man es nicht als liebevolle Geste bezeichnen, wenn Eltern davon ausgehen, daß ihre Kinder ganz genauso sind wie sie – eine Annahme, die letztlich zu absolut überzogenen Erwartungen an die Kinder führt.

Echte Freude entsteht nicht durch Wettbewerb

Kinder, die an die Shichida-Kinderakademie kommen und zuvor von ihren Eltern gelehrt wurden: „Es ist großartig, der beste Schüler zu sein" oder „Du mußt die anderen alle ausstechen", diese Kinder werden von Anfang an zu sehr darum bemüht sein, die Nummer eins zu werden. An unserer Schule betrachten wir diesen Drang nicht als etwas Schlechtes, sondern bestätigen dem Kind statt dessen, daß es tatsächlich die Nummer eins sei. Im weiteren Verlauf entdecken die Kinder, daß wahres Vergnügen davon abhängt, ob ihnen das, was sie tun, auch Spaß macht. Auf ganz natürliche Weise sind sie immer weniger darauf bedacht, Klassenbester zu sein, und beginnen einander zu akzeptieren. Es entwickeln sich Gespräche, bei denen sie erkennen, daß auf gewissen Gebieten die einen, auf anderen Gebieten andere Kinder gut sind.

Stellen wir uns zum Beispiel vor, ein Kind hat seinen Radiergummi vergessen. In solchen Situationen ist es ganz normal, daß ein anderes Kind dem Betreffenden seinen eigenen Radiergummi zuwirft, ohne dabei zu denken: „Ich bin vielleicht ein gutes Kind, ich leihe ihm meinen Radiergummi." Wir erleben es täglich, daß das Kind, das sich einen Radiergummi ausgeliehen hat, „danke" sagt und den Radiergummi dann zurückwirft, wobei keines der beiden Kinder daran denkt, gerade etwas ausgeliehen bzw. verliehen zu haben. Das ist in meinen Augen ganz entscheidend. Unser Wertesystem gründet seit langem auf einer Haltung von Geben und Nehmen. Anders gesagt: Wenn man nett zu anderen ist, dann werden diese im Gegenzug auch nett zu einem selbst sein. In unserer zukünftigen Gesellschaft jedoch, so glaube ich, wird es ein solches Denken, das in den Kategorien Geben und Nehmen funktioniert, nicht mehr geben. Statt dessen werden wir ein Wertesystem haben, demgemäß Dinge innerhalb unserer sozialen Gruppen jederzeit freimütig mit anderen geteilt werden.

Rechtshirn-Gefühle können freimütig akzeptiert werden

Nehmen wir ein anderes Beispiel. In meiner Klasse gab es ein Kind namens I. M., das, ohne daß ich davon wußte, das Gefühl hatte, ein Opfer von Mobbing zu sein. Während einer Unterrichtsstunde übten wir uns im Schnell-Lesen eines leeren Buches unter dem Motto: „Etwas, das dir Sorgen bereitet." Wir haben oft interessante Themen, bei denen es um seltene Insekten unserer Welt oder um persönliche Geschichten geht, doch damals war zufällig die Mutter von einem unserer Schüler krank, also entschieden wir uns für obiges Thema. I. M. wählte den Titel „Wie ich gemobbt werde", danach begann er die leeren Seiten des Buches durchzublättern. Da so viele Schüler an dieser Stunde teilnahmen, war es schwierig, sämtliche Ergebnisse einzeln zu überprüfen. Zu Beginn merkte ich nicht, was mit I. M. geschah. Plötzlich aber fiel mir auf, daß er total still geworden war und den Kopf hängen ließ. Dies kam mir seltsam vor, und ich fragte ihn, was los sei.

Er erzählte mir von dem Mobbing und antwortete dann: „Ich werde mich morgen bei meinem Freund entschuldigen."

Da es mir merkwürdig erschien, daß er sich als Opfer entschuldigen wollte, fragte ich: „Wieso entschuldigen?"

Seine Antwort lautete: „Ich dachte, ich würde ihn dafür hassen, daß er mich mobbt. Aber jetzt ist mir eingefallen, daß ich etwas wirklich Häßliches zu ihm gesagt hatte, bevor alles begann."

Mit anderen Worten: I. M. war es, den hier die Schuld traf. Dies führte ihn zu dem Entschluß, sich am nächsten Tag zu entschuldigen und zu sagen: „Es war mein Fehler."

Da es sich bei Streitsituationen, auch wenn wir sie logisch nachvollziehen können, um emotionale Probleme handelt, fällt es uns schwer, uns im Zuge ihrer Bewältigung selbst zu erniedrigen. Nun ist es aber so, daß wir uns beim Praktizieren von QSR nicht einfach nur Bilder ansehen, um gewisse Dinge zu verstehen, sondern daß wir mit Rechtshirn-Wahrnehmungen arbeiten. Tiefe Emotionen und Gefühle der Rücksichtnahme auf andere neigen dazu, unsere Wahrnehmungsporen zu durchdringen. Solche intensiven Empfindungen können dann in Demut akzeptiert werden. Überflüssig zu sagen, daß das Mobbing-Problem dieses speziellen Kindes an diesem Tag endete.

Bei der Ausübung von QSR konzentrieren wir uns normalerweise auf die Bilder oder Farben, die aus dem Buch hervortreten. Nachdem wir dies aber über viele Jahre hinweg praktiziert hatten, war festzustellen, daß der Gesichtsausdruck der Kinder während des Prozesses immer heiterer wurde. Ich kann daraus nur ableiten, daß dabei also eine Art von Stimulation des Bewußtseins auf innerster Ebene stattfinden mußte.

Disziplinierung durch die fünf Sinne

Wie wir bis jetzt gesehen haben, haben die Zeiten sich geändert und die Familienbande stark geschwächt. Ebenso ist die für eine richtige Kindererziehung erforderliche Disziplin nicht mehr in ausreichendem Maße vorhanden. Man wird aber nur schwerlich behaupten können, daß das nur für die Zeit zutrifft, in der wir leben. Auch in der Vergangenheit war es keineswegs so, daß der Vater nach der Arbeit sofort nach Hause kam und sich mit den Kindern zum Essen setzte. Genauso wie heutzutage gab es einst Berufe, bei denen die Arbeiter abends spät nach Hause kamen und morgens sehr früh das Haus verließen, dennoch herrschte damals eine angemessene Disziplin. Es ist also nicht zwingend notwendig, daß Eltern stets präsent sein müssen, um ihre Kinder entsprechend zu disziplinieren. Selbst wenn der Vater beispielsweise nicht mit am Eßtisch sitzt, könnte man seinen Sitzplatz mit Hilfe einer Reisschüssel und Eßstäbchen kennzeichnen und somit ein Gefühl für seine Gegenwart erzeugen. Handelt es sich hingegen um einen Haushalt, in dem der Vater erst nach Hause kommt, wenn die Kinder bereits schlafen gegangen sind, so könnte man seinen Schlafanzug im Wäschekorb liegenlassen, damit die Kinder ihn am nächsten Morgen sehen und seine Gegenwart auch in diesem Fall spüren können.

Man könnte sagen, daß es sich hier um die Erziehung von Kindern mit Hilfe des Gesichtssinns handelt. Mit anderen Worten: Es ist nicht notwendig, daß die Eltern zu jeder Zeit in der Nähe ihrer Kinder sind; elterliche Disziplin läßt sich zu einem großen Teil auch auf visuelle Weise oder mit den restlichen Sinnen untermauern. Wenn die Kinder abends nach Hause kommen und „Ich bin wieder da!" rufen, obwohl sie ihre Mutter, die in der Küche ist, gar nicht sehen können, so spüren sie doch ihre Anwesenheit durch den Duft von Curryreis, den sie gerade zubereitet, oder durch das wundervolle Aroma von Kastanien. Die Disziplinierung von Kindern geschieht nicht allein durch Worte. Es ist notwendig, daß wir sie auf grundlegender Ebene über die gesamte Skala des täglichen Lebens hinweg als ganzheitliche Menschen großziehen.

Was den Kindern Spaß macht, das tun sie auch

Wenn das Umfeld förderlich ist und die Kinder frei von Streß sind, sind sie in der Lage, einfach alles zu genießen. Dazu gehören auch die Unterrichtsstunden, die Teil des Rechtshirn-Trainings sind. Zu Beginn mag es Spaß machen, die Nummer eins in der Klasse zu sein, sofern man dem Wettbewerbs-System angehört; aber früher oder später werden die Kinder davon gelangweilt sein. Wenn wir wirklich wollen, daß sie ein erfülltes Leben führen, dann sollten wir uns meiner Meinung nach über folgendes klar werden: Was den Kindern Spaß macht, das tun sie auch.

Ein weiterer wesentlicher Punkt ist, daß nicht nur eine gute Universität oder Arbeitsstelle im Zentrum der Aufmerksamkeit stehen sollte. Wir leben nicht mehr in einer Zeit, in der der Wert eines Namens irgendwie von Bedeutung wäre. Anstatt bei den Kindern ein solches Standesdenken zu fördern, ist es viel wichtiger, sie mit sehr viel Sensibilität zu erziehen, damit sie ihre eigene Richtung finden und einschlagen können. Auf diese Weise aktiviert man den Geist der Kinder, und sie finden den Beruf, den sie am liebsten ausüben möchten; und selbst wenn sie scheitern sollten, so werden sie sich doch selbst zu helfen wissen. Wenn sie sich aber immer, egal was geschieht, nur an die Pfade halten, die ihre Eltern für sie angelegt haben, werden sie auch stets ihre Eltern danach fragen, was als nächstes zu tun sei. Auf was für eine Schule soll ich als nächstes gehen, oder was soll ich jetzt tun, oder wo soll ich mir einen Job suchen und so weiter. Bei einer solchen Art von Abhängigkeit ist es unmöglich, auf eigenen Füßen zu stehen. Außerdem werden solche Kinder, wenn sie die Erfahrung des Scheiterns machen, nie selbst die Verantwortung übernehmen, sondern statt dessen sagen: „Ihr habt ja gesagt, ich soll es so machen." Das Ziel der Kindererziehung sollte allerdings sein, die Kinder unabhängig zu machen. Wir sollten diese Unabhängigkeit nie aus den Augen verlieren, weder als Eltern, noch als Kinder. Überlegen wir uns also nachfolgend, wie wir das am besten schaffen können.

Kinder zu Vertrauen inspirieren

Hier sind einige Affirmationen für den Alltag, die ich nicht unerwähnt lassen möchte. An oberster Stelle steht: „Es ist wahrhaft wundervoll, daß du als Mensch geboren bist." Gemessen an der Gehirnstruktur, beträgt die Differenz zwischen den Fähigkeiten eines Genies und denen einer Normalperson nur 0,05 Prozent. Daraus folgt, daß jeder von uns erstaunliche Fähigkeiten in sich birgt. Wir haben es nicht nötig, wie jemand anderer sein zu wollen. Etwas auf die eigene Weise zu tun, ist genau das Richtige. An diesem Punkt tritt unsere einzigartige Persönlichkeit ans Licht. Bedenken wir die unzähligen Facetten unseres Geistes, dann liegen alle Antworten in uns selbst. Wenn wir uns dieser Suggestion bedienen und an unsere eigene Sensibilität glauben, wird es uns gelingen, im Leben vorwärts zu kommen. Im sozialen Klima unserer Tage gibt es zahlreiche fähige Menschen, denen es aber an Vertrauen in sich selbst fehlt und die unfähig sind, auf eigenen Füßen zu stehen. Mangelt es uns an Unabhängigkeit, sind wir nicht dazu in der Lage, Verantwortung für uns selbst zu übernehmen, und wir werden stets anderen die Schuld geben.

Gerade weil ich so viele junge Menschen sehe, auf die das zutrifft, möchte ich ihnen helfen, erwachsen zu werden. „Die Antwort liegt in dir selbst.“ – Genau das ist es, was wir hier nachdrücklich betonen möchten. Zum Beispiel würden viele Menschen die Frage „Mag ich mich selbst?“ mit „Nein!“ beantworten. Es gibt nicht viele Menschen, die sagen können: „Ich mag mich sogar sehr.“ Das Gefühl, sich selbst wirklich zu mögen, basiert auf einem Sinn für Harmonie mit dem Dasein. Dies erreichen wir, indem wir das kleine Kind in uns hegen und pflegen. Beginnen Sie damit, indem Sie sich selbst in jene Zeit zurückversetzen, als Sie noch ein Fötus waren, und fragen Sie sich, was Ihr Auftrag ist und was es zu bedeuten hat, daß Sie gerade zu diesem Zeitpunkt geboren wurden.

9

Die Ausbildung der rechten Gehirnhälfte im Mutterleib

Ein Kind aus einer Familie sagte: „Mami, ich weiß noch, wie ich mit Papa gesprochen habe, als ich in deinem Bauch war. Ich konnte ihn von da drin aus sehen. Und ich sah zwei Schornsteine."

Zuviel Fruchtwassersäure ist der natürliche Feind des Fötus

Um eine Befruchtung zu ermöglichen, wird ein einzelliges Ei über den Eileiter hinab zur Gebärmutter geschickt, wo 50 Millionen Spermien sich bereits darum drängen, es zu befruchten. Eine Samenzelle behält die Oberhand und dringt in das Ei ein, stirbt, nachdem sie das Flagellum abgeworfen hat, und wird zur Eiweißquelle. Etwas Seltsames geschieht jedoch, während 50 Millionen Spermien sich um das Ei drängen. Ein bestimmter Teil des Eies öffnet sich wie ein Eingangstor. Als Ursache dafür vermutet man ein Geräusch. Dieses Ei hat zwar weder Ohren, Mund noch einen Kopf; dennoch sorgt das Geräusch der heranbrandenden Spermien dafür, daß ein Eingang entsteht. Aller Wahrscheinlichkeit nach ist dieses Geräusch der rechten Gehirnhälfte zuzuordnen. Man könnte sagen, daß diese Interaktion eine Art Telepathie ist. Auf diese Weise wird die Befruchtung sichergestellt. Da es sich um ein einzelliges Ei handelt, verfügt es über Empfindungsvermögen, Gedächtnis und eine eigene Veranlagung. So kann das Zwischenhirn des Fötus stimuliert werden sowie ein Input von positivem Empfindungsvermögen, Gedächtnis und Veranlagung erfolgen. Es handelt sich um eine Erziehung des Fötus.

Der Fötus wächst im Fruchtwasser heran, das süßem und saurem Meerwasser ähnelt. In dieser Flüssigkeit lutscht der Fötus an seinen Fingern, gähnt und planscht herum. Der normale pH-Wert von Fruchtwasser beträgt etwa 7,8. Dieser Wert kann jedoch variieren. Beschließt die Mutter zum Beispiel, einkaufen zu gehen, und vergißt sie dabei ihren Geldbeutel, reicht die nun entstehende Streßsituation aus, um den pH-Wert innerhalb weniger Sekunden auf 5,0 sinken zu lassen. Ein Ehekrach samt seiner emotionalen Energie genügt, um den Wert schlagartig auf 3,0 zu reduzieren. Eine solche Herabsetzung des pH-Werts bedeutet, daß der Säureanteil im Fruchtwasser höher ist. Der Säugling im Mutterleib lutscht fröhlich an einem Finger, und plötzlich schmeckt es sauer. Das Fruchtwasser ist für das Baby nun keine behagliche Umgebung mehr; dadurch verspannt sich sein Körper.

Gleichzeitig vernimmt der Säugling den Herzschlag seiner Mutter, hört das Blut in ihren Adern pulsieren sowie das Knirschen und Ächzen ihrer Knochen – alles wie eine Art Hintergrundmusik. Ist die Mutter aber emotional erregt, so beschleunigen sich ihr Herzschlag sowie ihr Blutkreislauf. Das Knirschen der Knochen wird heftiger. Inmitten einer solchen Lärmbelästigung und umgeben von saurem Fruchtwasser kann sich der Geist nicht entwickeln. Aus diesem Grund ist vorgeburtliche Erziehung so wichtig.

Mit Babys im Mutterleib sprechen

Das Hauptziel vorgeburtlicher Erziehung besteht für die Mutter darin, ihrem Baby, das sie in sich trägt, Liebe zu übermitteln. Das Empfindungsvermögen des rechten Gehirns ermöglicht es, auf diese Weise zu „sprechen“. Wenn ich zwanzig Babys vor mir habe, von denen nur eins eine angemessene fötale Erziehung genossen hat, bin ich dazu in der Lage, dieses eine Baby sofort zu erkennen. Daran zeigt sich, wie stark die Wirkung intra-uterinärer Erziehung sein kann. Kinder, die unter solchen Umständen zur Welt kommen, sind gutherzig und haben keine Scheu vor Fremden. Sie sind klug und strahlen so etwas wie Präsenz aus. Werdende Mütter, die zur Shichida-Kinderakademie kommen und sich in vorgeburtlicher Erziehung schulen lassen, bringen die Geburt schnell hinter sich. In einigen besonders schnellen Fällen dauert es nur 15 Minuten. Da solcherart erzogene Babys mit Hilfe ihres Zwischenhirns zu Empfindungen fähig sind, ist es wichtig, ihnen im Mutterleib eine Vielzahl von Botschaften zu übermitteln. Zum Beispiel kann man sie bitten, krankheitserregende Keime ins Fruchtwasser zu schleudern, bevor sie geboren werden.

Wenn wir mit dem Zwischenhirn empfinden, so glaube ich, daß es möglich ist, auf telepathische Weise kommunizieren zu können. Ein Beispiel dafür wäre, das Baby zu bitten, sich bemerkbar zu machen, wenn sein Vater nach Hause kommt, und dies mit Fußtritten zu signalisieren. Wenn nach solchen Fußtritten Stille einkehrt, bedeutet dies, daß das Baby nun schläft. In einer solchen Situation könnte die Mutter sagen: „Tut mir leid! Wenn du schläfst, brauchst du mir keine Mitteilung zu machen.“ Damit könnte sie eine weitere Ebene der Kommunikation erschließen. Ein anderes Beispiel: Die Mutter telefoniert gerade und spürt in sich kleine Tapser. Darauf fragt sie das Baby: „Wolltest du ans Telefon?“ Und das Baby schickt eine Nachricht an die Mutter, indem es zurückalbert: „Ja, wollte ich.“ Dies zeigt uns, wie Rechtshirn-Kommunikation sogar mit Babys im Mutterleib möglich ist. Gleichzeitig können auf diese Weise – denn das Baby treibt ja im Fruchtwasser-Meer der mütterlichen Liebe – noch engere Bande geschmiedet werden.

Sehen, was sich im Mutterleib abspielt

Wir haben gesehen, wie Mütter mit Hilfe vorgeburtlicher Erziehung mit ihren Babys kommunizieren können. Wie sieht es nun mit den Vätern aus? Mütter sind körperlich an ihre Babys gebunden, was für die Väter nicht gilt. Dennoch kann auch der Vater mit dem Säugling im Mutterleib kommunizieren. Ein Beispiel: Er kann am Morgen den Bauch der Mutter betrachten und sagen: „Ich gehe jetzt ins Büro!“ Das reicht bereits, um eine Kommunikation mit dem Baby aufzubauen. Am Abend neigen Kinder dazu, Alpha-Gehirnwellen zu erzeugen und schläfrig zu werden. Es war in einem solchen Moment, als ein Kind sagte: „Mami, ich weiß noch, wie ich mit Papa gesprochen habe, als ich in deinem Bauch war. Ich konnte ihn von da drin aus sehen. Und ich sah zwei Schornsteine.“ Die Familie war kurz vor der Geburt des Kindes umgezogen. Es war also unmöglich, daß das Kind die beiden Schornsteine nach seiner Geburt hätte sehen können. Dagegen konnte man von der Wohnung aus, in der die Familie vor der Geburt des Kindes gelebt hatte, in der Tat zwei Schornsteine sehen. Als die Mutter fragte, woher es das mit den Schornsteinen wisse, antwortete das Kind: „Weil ich sie vom Inneren deines Bauches aus gesehen habe!“ Erstaunliche Vorkommnisse wie dieses sind keine Seltenheit.

Das Kind sucht sich seine Eltern aus

Wenn die Eltern-Kind-Beziehung schwierig wird, müssen wir uns in den Mutterleib zurückversetzen und die Kinderbetreuung noch einmal ganz von vorne aufrollen. Manchmal höre ich Kinder sagen: „Ich wünschte mir, ich hätte andere Eltern.“ Aber eine solche Äußerung ist absurd. In diesen Fällen müssen wir das Kind auf eine Ebene bringen, wo es versteht, daß es sich die Familie, in die es hineingeboren ist, also seine Eltern, selbst ausgesucht hat. Wenn wir dann unser Kind fragen: „Du hast mich als deine Mutter gewählt, stimmt's?“, wird es uns ausnahmslos zustimmen. Und dies wiederum wird die Mutter auf jeden Fall darin bestärken, ihr Kind mit wahrer Liebe zu erziehen, denn schließlich wurde sie ja ausgewählt. Die Mutter kann somit zu ihrem Kind sagen: „Ich bin dir so dankbar dafür, daß du mich als deine Mutter ausgewählt hast.“

Kindererziehung ohne Unterschiede, aber mit echten Prioritäten

Vorgeburtliche Erziehung beschränkt sich nicht auf die positiven Beziehungen, die zwischen Eltern und Fötus entstehen. Nehmen wir an, es kommt ein Kind zur Welt, das rasch begreift: „Ich habe wirklich liebevolle Eltern.“ Womöglich sind auch Großeltern da, und vielleicht gibt es auch einen großen Bruder. Bislang hatten die Eltern all ihre Fürsorge dem ersten Kind geschenkt, nun aber sind alle Augen auf das Baby gerichtet! Daher neigt das Erstgeborene dazu, sich einsam zu fühlen, und sagt vielleicht zu seinen Eltern: „Mama und Papa, immer knuddelt ihr nur mit dem Baby rum. Mag sein, daß es süß ist, aber ich will es nicht mehr sehen!" Beim Erziehen unserer Kinder dürfen wir keine Unterschiede machen. Es ist viel wichtiger, daß wir klare Prioritäten setzen. Zuerst müssen wir *dem* Kind unsere Liebe geben, das sich ausgeschlossen und einsam fühlt. Für das zweite Kind einer Familie ist es völlig normal, Geschwister zu haben, mit denen es die elterliche Liebe teilen muß; für das erste Kind ist dieses Teilen allerdings mit einem Kompromiß verbunden.

Die Wichtigkeit von „Skinship"[2]

Normalerweise ist es so, daß eines Tages plötzlich ein neues Kind geboren wird und wir die Kinder aus den Augen verlieren, die bereits da sind. Sind die Kinder drei Jahre auseinander, ist das Problem nicht so groß wie bei einem geringeren Altersunterschied. In letzterem Fall kann es beim älteren Kind zu Einsamkeitsgefühlen kommen. Es ist entscheidend, daß wir uns zuerst um die Bedürfnisse dieses Kindes kümmern. Natürlich, das wichtigste Zentrum der Liebe sollte das Fruchtwasser sein, in dem neues Leben heranwächst; nun ist es wichtig, dem älteren Kind Liebe in einem Milieu zu vermitteln, das dem Fruchtwasser sehr ähnlich ist, am besten in der Badewanne.

2 Das englische Wort „skinship" spielt mit den Begriffen „kinship" (Verwandtschaft) und „skin" (Haut) und bezeichnet eine besonders innige und zärtliche Nähe zwischen zwei Menschen, vor allem zwischen Mutter und Kind. (Anm. d. Übers.)

Dort seifen wir den Körper des Kindes ein, so wie eine Katzenmutter ihre Kätzchen abschleckt, um sie zu säubern. Zeigen Sie dann Ihre Dankbarkeit, indem Sie sagen: „Danke. Weil du so lieb bist, wächst unser Baby so prächtig heran. Magst du ab jetzt bitte immer so lieb sein?"

Wenn Sie dem Kind Verantwortung übertragen, werden Ihre Zuneigung und Ihr Respekt große Wirkung zeigen, und die Gefühle des älteren Kindes werden sich verändern im Sinne von: „Okay! Dann werde ich mich um das kleine Baby kümmern!" Auf diese Weise verbessert sich nicht nur das Eltern-Kind-Verhältnis, sondern auch das zwischen den Geschwistern. Die Möglichkeiten sind nicht allein auf die Badewanne begrenzt; man kann zum Beispiel auch im Bett gemeinsam Bilderbücher lesen. Auch dies ist ein guter Weg, dem älteren Kind unsere Liebe zu übermitteln. Solche Dinge geben dem Kind das Gefühl, geliebt zu werden, und es gewinnt seine sprudelnde Energie zurück.

Sowohl Erwachsene als auch Kinder geben mittels ihrer Gesten Signale, wie sie sich fühlen. So verrät uns etwa ein Kind, das am Daumen lutscht oder einen deprimierten Gesichtsausdruck hat, daß etwas nicht stimmt. Bei der Kindererziehung ist es sehr hilfreich, auf diese Gesten zu achten und sie zu entschlüsseln. Wenn wir diesen Gesten und ihren emotionalen Entsprechungen aber keinerlei Beachtung schenken, wird dies dazu führen, daß die Kinder sie anderweitig ausleben, etwa indem sie gegen Möbel rempeln oder eine Tasse Milch verschütten. Noch ehe so etwas geschieht, sollten wir uns bewußt darüber werden, was diese Gesten ausdrücken, und uns damit beschäftigen.

Geschickte Eltern erziehen ihre Kinder, indem sie aus allem ein Vergnügen machen

Wie schon erwähnt, neigen Eltern dazu, ihre Kinder so zu erziehen, wie sie selbst erzogen wurden. Sind es zuträgliche Muster, die dabei von Generation zu Generation weitergegeben werden, wird das Kind, egal wie die Zeiten sich ändern, auf angemessene Weise aufwachsen. Üblicherweise wird eine kluge Mutter, wenn sie ihrem Baby oder ihrem kleinen Kind ein Spielzeug gibt, erst einmal selbst damit spielen und das Kind dann dazu einladen, indem sie sagt: „Sieh mal, was für einen Spaß es macht, damit zu spielen!“ Wenn das Kind aufmerksam zusieht, wird es bald zaghaft die kleine Hand ausstrecken und selbst damit zu spielen beginnen. Auf diese Weise macht es auch dem Kind mehr Spaß. Taucht für das Kleine irgendeine Schwierigkeit auf, springt die Mutter helfend ein und sagt: „Schau, so mußt du es machen.“ Dadurch kann das Baby bald allein mit dem Spielzeug spielen. Bei diesem Prozeß haben sowohl die Mutter als auch das Kind Spaß.

Manchen Müttern muß ein solches Vorgehen nicht erst beigebracht werden – sie benutzen es längst. Dagegen gibt es andere, die dies nicht einmal in die Praxis umsetzen können, selbst wenn man es ihnen beibringt. (Wenn diese Mütter es nicht von ihren Eltern gelernt haben, können sie sich schwer dabei tun, es an andere weiterzugeben.) Kinder, die auf eine so vergnügliche Weise aufgewachsen sind, neigen zu einer ausgeprägten Sensibilität. Immer wenn ein solches Kind etwas sagt, fühlen wir uns instinktiv von ihm oder ihr in den Bann gezogen. Ich habe das Gefühl, solche Kinder sind von einer Atmosphäre (einer Schwingung oder Feldwirkung) umgeben, die in uns den Wunsch weckt, mit ihnen in Einklang zu schwingen.

In den ersten drei Monaten das Daseinsgefühl herausbilden

In den ersten drei Monaten nach der Geburt sollte die Erziehung hauptsächlich darauf abzielen, bei dem Kind ein Gefühl für das Dasein zu entwickeln. Indem wir es umarmen, übermitteln wir unsere Liebe im Sinne eines fundamentalen tierischen Instinkts, so wie Katzen ihre Jungen abschlecken. Da wir als Menschen Geschöpfe der natürlichen Welt sind, bedarf es während der ersten drei Monate „tierischer" Ausdrucksformen von Liebe. Dies ermöglicht es dem Baby, ein Daseinsgefühl zu entwickeln; damit meine ich, daß es seine eigene Existenz erkennt. Auch wenn es noch klein ist, gelangt es zu einer deutlichen Empfindung seiner selbst als Person und kann damit beginnen, ein subjektives Leben zu leben.

Beharrlichkeit und Optimismus

Im Alter von vier Monaten, wenn das Baby zu schreien beginnt, sollten die Eltern, bevor sie es auf den Arm nehmen, zehn Sekunden warten, nachdem sie gefragt haben: „Worüber weinst du denn?" Dies wird ein gewisses Maß an Beharrlichkeit beim Kind entwickeln. Die nächste Stufe beginnt mit acht Monaten. In diesem Stadium ist eine Art von anregender Bewegung erforderlich. Geschieht dies zu früh, könnte das Gehirn, das sich noch unentwickelt im Schädelinneren befindet, Schaden nehmen. Mit etwa acht Monaten aber ist das Kind bereit, und nun ist es Zeit für den Papa, auf den Plan zu treten. Immer und immer wieder wird Papa das Baby in die Luft heben und ihm dabei freudige Gluckser entlocken. Diese anregende Bewegung ruft beim Baby positive Empfindungen hervor, und es wird auf aktive Weise wachsen und voller Leben sein. Babys, mit denen man solche Spiele nicht macht, neigen später, wenn sie größer werden, dazu, sich ihren Ängsten hinzugeben und pessimistisch zu sein.

Die Seele eines Dreijährigen überdauert hundert Jahre

Das nächste Stadium beginnt mit anderthalb Jahren. Es ist der Zeitpunkt, wenn das Baby sich selbst deutlich auszudrücken beginnt. In unseren Mutterkursen höre ich oft den Kommentar: „Du warst so ein gutes Baby. Ich frage mich, was ich falsch gemacht habe.“ Dieses Stadium ist aber tatsächlich ein Zeichen für Wachstum. Wir sollten diese Entwicklung eigentlich begrüßen und – anstatt dem Steine in den Weg zu legen – das Wachstum des Kindes voll Güte beobachten. Anschließend kommen wir zu den äußerst entscheidenden Lebensabschnitten von zwei und drei Jahren. Da das Kind inzwischen ein Ego ausgebildet hat und sich durch Beschränkungen eingeengt fühlt, wird es sich zu Boden werfen und in seiner Frustration zu schreien beginnen. Da gibt es zum Beispiel Zeiten, in denen das Kind mit etwas spielen will, und die Mutter fordert es auf, das Spielzeug wegzulegen. Da das Kind die Intellektualisierungsgabe des linken Gehirns noch nicht erworben hat, um das Warum zu verstehen, wird es schreien, um seinen Willen zu bekommen. Es handelt sich hier um eine Übergangsphase im Wachstumsprozeß des Kindes. Bis zum Alter von vier bis fünf Jahren wird es vorbei sein, als wäre nur ein Sturm vorübergezogen.

Kinder werden durch diesen Prozeß erwachsen, ähnlich wie aus einer Raupe ein Schmetterling wird. Deswegen ist es unerläßlich, die Wichtigkeit dieser Erfahrung für das Kind zu begreifen. Weinen und Schreien sind lediglich Übergangsphasen. Bis zum Alter von drei Jahren sind die Fundamente des Menschseins errichtet. Diese drei Aspekte des Wachstums – die Verwandlung, das Schreien und die Fundamentlegung – müssen in vollem Umfang von den Eltern akzeptiert werden, die mit der Vielzahl der damit einhergehenden Veränderungen umgehen können. Dann werden die folgenden Stadien der Kindererziehung viel einfacher sein. Ein Sprichwort sagt: „Die Seele eines Dreijährigen überdauert hundert Jahre", was bedeutet, daß der Zeitabschnitt vom Mutterleib bis zum vollendeten dritten Lebensjahr bei der Erziehung eines Kindes die wichtigste Phase verkörpert.

Wir Menschen sind Tiere. Wir müssen als biologische Wesen aufwachsen, die *auch* verstandesbegabt sind. Deshalb dürfen wir unsere Kinder nicht einfach nur nach den Regeln der Vernunft erziehen, sondern müssen ebenso den animalischen Typus triebgesteuerter Liebe mit einbeziehen.

Wiedergeburt durch Rückkehr in den Mutterleib

Fast alle Mütter haben Sorgen mit ihren Kindern, wenn diese ungefähr sechs Jahre alt sind. In diesem Alter haben die an der Shichida-Kinderakademie eingeschriebenen Kinder die kritischste Phase ihrer Kleinkinderziehung schon so gut wie hinter sich. Es ist daher ein wenig spät, nun etwas gesagt zu bekommen, worum man sich eigentlich schon im entscheidenden Alter von drei Jahren hätte kümmern müssen. Genau das ist aber eine der Stärken des Shichida-Ausbildungsstils. Indem wir uns der geistigen Bildersprache bedienen, können wir die Mutter in die Zeit ihrer Schwangerschaft, als ihr Kind noch im Mutterleib war, zurückführen und diese Phase erneut mit ihr durchleben.

Nehmen wir ein Beispiel. Eine Mutter, die Herrn Shichidas Vorlesung besuchte, hatte zwei Kinder: einen Fünftkläßler und ein Baby. Der ältere Sohn war ein Sorgenkind. Anscheinend waren seine mäßigen schulischen Leistungen durch nichts zu verbessern, die Mutter hatte sich damit abgefunden. Sie beschloß nun aber, daß es bei ihrem jüngeren Kind anders werden sollte, und so sammelte sie Informationen zu den unterschiedlichsten Ausbildungstheorien. An diesem Punkt waren wir beide übereingekommen, daß das „Problemkind" nichts als eine Reflektion ihrer selbst war. Als ich ihr sagte, daß das Kind nicht für die Art, wie es erzogen wurde, verantwortlich gemacht werden könne, füllten sich ihre Augen mit Tränen. Genau diese Mutter erkannte jetzt, daß die Schuld bei ihr lag und nicht bei ihrem Sohn, und sie empfand starke Gewissensbisse. Sie vertraute mir an, daß sie das Kind eigentlich nicht zur Welt habe bringen wollen, es dann aber dennoch getan hätte. Sie hatte es aufgezogen, ohne ihm allzuviel Liebe zu geben. Ich schlug ihr daraufhin vor, sie solle sich dafür entschuldigen und sich dann der mentalen Bilderwelt bedienen, um in die Zeit zurückzukehren, als der Junge noch im Mutterleib war, und ihn mit Gefühlen der Liebe und Anerkennung überhäufen.

Bei der ersten Lektion baten wir die Mutter, sich im Geiste vor ihr Kind zu stellen und zu sagen: „Laß uns die Geburt noch einmal durchleben." Dann sollte sie sich vorstellen, wie sie das Kind wieder zu sich in den Mutterleib nahm. Anschließend durchlebte sie die gesamte Schwangerschaft noch einmal, Stufe um Stufe, aber dieses Mal indem sie dem Fötus ihre Liebe übermittelte. Als sich in ihrer

Vorstellung das Endstadium der Geburt näherte, sagte sie zu dem Fötus: „Laß alle schlechten Gefühle in meinem Leib zurück, und hab eine leichte Geburt.“ Dann wurde das Baby erneut geboren, und das Bild entsprach diesmal dem eines entzückten Elternpaares.

In der nächsten Lektion, bei der sowohl Mutter als auch Kind anwesend waren, kam es zu einer Situation, in der das Kind etwas nicht zustande brachte. Normalerweise hätte die Mutter es in diesem Moment ausgeschimpft, an diesem Tag jedoch entschuldigte sie sich bei ihm von ganzem Herzen. Tränen traten in die Augen des Jungen, als er seine Mutter geradewegs ansah. Dies war ein Kind, das zuvor niemals geweint hatte. Aber auf Grund der Entschuldigung seiner Mutter hatte sich etwas in ihm geöffnet. Als er das Ergebnis der mentalen Vorstellung seiner Mutter spürte, nämlich zurück im Mutterleib zu sein und erneut geboren zu werden, blühte in ihm eine neue Fähigkeit auf: gleich einer Kirschblüte, die sich öffnet. Es war, als wäre eine harte Knospe plötzlich aufgeplatzt, weil eine Frühlingsbrise sie gestreift hatte.

Als im weiteren Verlauf alles harmonierte, entwickelte dieser Junge PSI-Fähigkeiten. Er besaß die Gabe, verdeckte Karten zu erkennen. Wäre er weiterhin aufgewachsen wie bisher, wäre er sicher sein Leben lang ein gesellschaftlich Ausgestoßener geblieben. Eine neue Geburt jedoch findet von dem Moment an statt, wo man sie sich vor Augen führt. Alles, wirklich alles, kann auf Null zurückgestellt werden. Bitte prägen Sie sich diese Worte ein: Es ist immer möglich, die Vergangenheit neu zu erleben und zurechtzurücken.

Es ist nie zu spät, die Kraft der Kinder zu fördern

Es besteht kein Grund, pessimistisch zu reagieren, wenn es mit der Erziehung Ihrer Kinder nicht so klappt. Es gibt Zeiten, da können Sie sich vielleicht selbst nicht leiden, doch ist das keineswegs ein Grund, sich deprimiert zu fühlen. Kindererziehung bedeutet mehr, als einfach nur ein Kind großzuziehen. Wie sieht es mit dem kleinen Kind in Ihnen aus? Es ist nie zu spät – ganz egal, wie alt Sie sind – damit zu beginnen, sich selbst großzuziehen. Es könnte sein, daß Sie in Ihrer Kindheit nicht genug Liebe erhalten haben und emotional verwundet sind, und aus diesem Grund im Leben scheinbar nicht vorankommen. Gehören Sie zu den Leuten, die wegen ihres Berufs, ihrer Kinder, ihres Ehepartners oder ihrer Eltern nie dazu kommen, das zu tun, was sie eigentlich wollen, obwohl es viele Dinge gibt, die sie im Leben gerne tun würden? Auch wenn die Ausbildung des rechten Gehirns zur Öffnung von Nervenbahnen im günstigsten Fall im Alter von zehn Jahren abgeschlossen ist, ist es auch im Erwachsenenalter nie zu spät, damit zu beginnen. Tatsächlich können Leute, die bislang nur ihr linkes Gehirn trainiert haben und nun das Lernen mit der rechten Gehirnhälfte üben, eine Balance zwischen beiden herstellen, wodurch sich das Zwischenhirn selbsttätig öffnet. Es ist also nie zu spät.

Zögern Sie nicht und nehmen Sie die Entwicklung Ihrer rechten Gehirnhälfte in Angriff. Denken Sie daran, daß Leute, die damit beginnen, neue Fähigkeiten wie PSI zu entwickeln, davon oft ganz hingerissen sind. Vergessen Sie nicht, daß die Ausbildung der rechten Gehirnhälfte dann den größten Nutzen bringt, wenn es zu einer Balance mit dem Linkshirn kommt, und daß beide Anteile nötig sind, um das Vorhandensein von Liebe und Harmonie zu ermöglichen. Ohne eine von Liebe und Harmonie geprägte Denkweise ist eine Entwicklung des Zwischenhirns ausgeschlossen. Man kann also sagen, daß Menschen, die ihre rechte Gehirnhälfte entwickeln, Liebe und Harmonie sowohl im Herzen als auch im Kopf haben. Ich bin überzeugt davon, daß irgendwann keine Kriege mehr stattfinden würden, wenn es mehr und mehr Menschen gäbe mit hoch entwickelten Rechtshirn-Fähigkeiten und dies in ausgewogener Balance mit dem linken Gehirn (wodurch sich das Zwischenhirn öffnet). Ich kann nur hoffen, daß möglichst viele Menschen sich dazu ermutigt fühlen, ihr rechtes Gehirn zu trainieren, die Pforten zum Zwischenhirn somit zu öffnen und ein Leben zu leben, das vor Liebe überströmt.

10

Übungsprogramm

Beginnen wir also mit dem Quantum Speed Reading. Zur Wiederholung: QSR bedeutet, ein Buch in Höchstgeschwindigkeit durchzublättern und damit den Computer der rechten Gehirnhälfte einzuschalten. Es ist das „Durchfliegen" eines Buches in Sekundenbruchteilen, wodurch sich QSR vom üblichen Schnell-Lesen unterscheidet. Auf diese Weise werden die aus dem Buch austretenden Quantenschwingungen in Licht und Bild verwandelt – in jene Informationen also, mittels derer der Inhalt des Buches verstanden werden kann. Folgende Funktionen des rechten Gehirns sind es, die mit Hilfe von QSR aktiviert werden:

- Die Auto-Übersetzungsfunktion des rechten Gehirns: Fremdsprachen verwandeln sich in die Muttersprache des Lesers.
- Die Imaginationsfunktion des rechten Gehirns: Worte werden zu Bildern.
- Die Schriftumwandlungs-Funktion des rechten Gehirns: Bei japanischen Lesern verwandeln sich die Kanji-Schriftzeichen in die phonetische Hiragana-Schrift.

Der Nutzen von QSR

Schnell-Lesen ist nur der Beginn dessen, was uns das QSR an Vorteilen bringt. Durch die Anwendung von QSR kommt es zu positiven Veränderungen in folgenden Lebensbereichen:

- Tempo und Verarbeitungsfähigkeit
- Persönliche Beziehungen, einschließlich Eltern-Kind-Verhältnis
- Arbeit
- Studium
- Gesundheit
- Herausbildung von Talenten
- Kunst
- Sport

Programm für Säuglinge und Kleinkinder

0-2 Jahre

- Die Mutter spricht mit dem Kind
- Alltagserfahrungen
- Zusammen mit dem Kind Bilderbücher lesen (gemeint sind Bilderbücher mit ein paar Wörtern und großen Buchstaben; diese häufig wiederholen; das Kind zum Sprechen bringen, wenn es alt genug ist)

2-4 Jahre

Grundlage: Übermittlung von Mutterliebe in vollem Ausmaß durch „Skinship“, d. h. kuscheln, umarmen und baden

- Erfundene Geschichten, in denen das Kind der Held ist
- Spiele, in denen das Kind irgend etwas oder irgend jemand ist
- Gemeinsam mit Mami in der Küche sein und mit Spielzeuggeschirr spielen
- Draußen in der Natur spielen
- Mit Freunden spielen

- Bilderbücher (z. B. mit 8 Seiten); Bücher, die das Kind mag, erneut mit ihm lesen

4-6 Jahre

- Das Kind spricht mit Freunden
- Spielen in Gruppen (z. B. in der Vorschule)
- Bilderbücher und andere Bücher (z. B. das Repertoire vergrößern und auch Bücher einbeziehen, die Erwachsene mögen)
- QSR: (1) In den Bauch (den Mutterleib) deiner Mami oder in deinen eigenen Körper oder in ein Buch hineinfliegen; (2) Die Mutter bringt einem bei, wie man Bücher rasch durchblättert (ohne danach den Inhalt zu überprüfen)

Programm für Kinder (Grundschulalter)

Stufe 1: Grundlegende Fixierübungen, Nachbild-Training mit der orangefarbenen Karte und dem Lagerfeuer, 3D-Übungen sowie Augentraining.

Stufe 2: Imaginationstraining mit Atemtechniken, Geräusche des Ozeans; Ballons; in den eigenen Körper, in Früchte und in Bücher fliegen.

Stufe 3: Quantum Speed Reading. Mit Entspannung beginnen, dann Konzentration, visualisieren beim Liegen auf dem Rücken, dann drei tiefe Atemzüge, Stock-Bildtraining, das Training mit künstlichem Licht, in ein Buch hineinfliegen, in eine bestimmte Seite des Buches fliegen, den Inhalt überprüfen, indem man ihn in Worte faßt und mit Worten und Bildern zu Papier bringt.

Stufe 4: Quantum Speed Reading. Fixierübungen, Nachbild-Training, Augentraining, sich hinlegen und tief durchatmen, Stock-Bild-training, Training mit künstlichem Licht, QSR mit verbundenen Augen, QSR mit Farben aus einem Buch, Bilder und Botschaften aus dem Buch sowie Buchinhalt (was der Autor meint und die eigenen Gedanken dazu).

Programm für Erwachsene

Stufe 1: Atemübungen, Nachbild-Training mit der orangefarbenen Karte und dem Lagerfeuer, Sonnenblick, 3D-Stereogramme und Augentraining („Kamerablende"-Training); gesamter Zeitaufwand ca. 10-20 Minuten.

Stufe 2: Imaginationstraining in Farbe, mit den sieben Regenbogenfarben sowie mit Rot, Gelb und Grün; die Haustür-Übung; in den eigenen Körper, in Früchte und in Bücher hineinfliegen.

Stufe 3: Quantum Speed Reading. Mit Entspannung beginnen, dann Konzentration, visualisieren beim Liegen auf dem Rücken, dann drei tiefe Bauch-Atemzüge (mentales Training), Stock-Bildtraining, Training mit künstlichem Licht, in ein Buch hineinfliegen, in eine bestimmte Seite des Buches fliegen, den Inhalt überprüfen, indem man ihn in Worte faßt und mit Worten und Bildern zu Papier bringt.

Stufe 4: Quantum Speed Reading. Fixierübungen, Nachbild-Training, Augentraining, sich hinlegen und drei tiefe Bauch-Atemzüge machen (mentales Training), Stock-Bildtraining, Training mit künstlichem Licht, QSR mit verbundenen Augen, QSR mit Farben aus dem Buch, Bilder und Botschaften aus dem Buch sowie Buchinhalt (was der Autor meint und die eigenen Gedanken und Empfindungen dazu).

Wie man die Stufen 1 bis 4 durchläuft

Stufe 1: Basistraining

Fixierübung: Blumen

Entspannen Sie sich zunächst, indem sie immer längere und tiefere Atemzüge machen und sich von geistigem und körperlichem Streß befreien. Betrachten Sie das unten stehende Wort, während Sie Ihren Atem regulieren. Versuchen Sie, so wenig wie möglich zu blinzeln, und fixieren Sie weiterhin das Wort. Sie werden anfangen, Bilder zu sehen (falls nicht, reicht es, einfach an sie zu denken). Durch das Verwandeln von Worten in Bilder erlangt man die Fähigkeit, Bücher im Schnellverfahren zu lesen und dann Bilder zu sehen, die aus ihnen austreten und einen Bezug zum Inhalt haben.

BLUME

Wenn Sie einatmen, scheint das Wort auf Sie zuzugleiten; wenn Sie ausatmen, entfernt es sich wieder. Welche Art von Bildern sehen Sie? Was für Blumen tauchen auf? Schreiben Sie die Namen auf.

Fixierübung: Das Lagerfeuer

Fixieren Sie das Bild mit dem Lagerfeuer (siehe Farbtafeln), blinzeln Sie dabei so wenig wie möglich. Dies ist das Basistraining, das Ihre Fähigkeit zur Bildvisualisierung stärken wird.

Fixieren Sie 30 Sekunden lang den schwarzen Punkt im Inneren der grünen Flamme, danach richten Sie den Blick auf den unteren schwarzen Punkt. Sie werden über dem Brennholz ganz schwach ein rotes Feuer sehen (wenn Sie weiterhin fixieren, wird es allmählich deutlicher). Falls Sie nichts sehen, atmen Sie ruhig und langsam, und beginnen Sie von vorn. Bei fortgesetztem Üben werden sie das Nachbild über längere Zeit hinweg sehen können.

Fixierübung: Die orangefarbene Karte

Atmen Sie dreimal tief durch, entspannen Sie sich geistig, und fixieren Sie 30 Sekunden lang den blauen Kreis (siehe Farbtafeln). Schließen Sie die Augen, und Sie werden das Nachbild sehen. Falls es während der Übung verschwindet, sagen Sie sich im Geiste „Es wird wiederkommen“, und so wird es geschehen.

Die vier Schritte zur Fähigkeit, Bilder zu visualisieren:

1. Zu Beginn werden sie eine Sekundärfarbe sehen: Orange.
2. Dann werden sie das Nachbild derselben Farbe in Blau sehen.
3. Farbe und Gestalt des Nachbildes können dann verändert werden (z. B. ein roter Kreis, ein grünes Viereck).
4. Danach werden Sie spontan in der Lage sein, Bilder zu sehen.

Ihre Fähigkeit, Bilder zu erzeugen, läßt sich verbessern, indem sie die Übung stets aufs neue wiederholen.

Sonnenblick-Training

Durch diese Übung wird die Hirnanhangdrüse im Zwischenhirn aktiviert. Am Morgen (möglichst vor neun Uhr) zuallererst eine Sekunde lang direkt in die Sonne schauen. Schließen Sie die Augen, und üben Sie, das Nachbild zu betrachten. Selbst an Regentagen können Sie diese Übung machen, indem Sie einfach visualisieren, daß die Sonne am Himmel steht. Auch Ihre körperliche Gesundheit wird davon profitieren.

3D-Training

Hier sind zwei dreidimensionale Fixierübungen.

Stiefmütterchen (3D): Diese Übung dient dazu, das Unsichtbare zu sehen. Die rechte Gehirnhälfte wird in der Weise aktiviert, in der Sie Ihre Augen benutzen. Konzentrieren Sie sich nicht auf die Stiefmütterchen (siehe Farbtafeln). Sie werden sehen, wie aus den beiden Punkten am Seitenende drei werden; genau dann wird auf der Buchseite das stereographische Bild erscheinen.

Die Mandalas: Diese werden miteinander verschmelzen (siehe Farbtafeln). Setzen Sie einen offenen Blick auf, um über das Bild hinaus (hinter das Bild) zu sehen, wobei Sie keinen bestimmten Punkt fixieren. Auf diese Weise werden Sie sehen, wie aus den beiden Mandalas ein einziges wird. Diese Übung wird eine neue Empfindung in ihnen erwecken.

Augentraining

Basistraining: Augen nach oben und unten bewegen, dann nach links und rechts, dann diagonal.

Weitere Anwendungen: Augen sternförmig bewegen.

- Das Augentraining verbessert die Bewegungen des Augapfels, erweitert das Gesichtsfeld und verbessert die Fähigkeit, etwas auf einen Blick zu lesen.
- Jeder Übung sollten zehn Sekunden gewidmet werden.
- Bewegen Sie nicht den Kopf, sondern nur die Augen. Korrekte Haltung und Atmung sind bei dieser Übung wichtig.
- Falls Sie ein Metronom oder ähnliches Instrument verwenden können, ist dies eine nützliche Hilfe.

Übungen für Erwachsene im „Kamerablenden"-Augentraining

Hier geht es darum, so schnell zu blinzeln, daß das Gehirn nicht mehr weiß, ob die Augen offen oder geschlossen sind. Es ist äußerst wichtig, das Blinzeltempo zu steigern, bis es nicht mehr schneller geht. Auf diese Weise können Sie Licht und Farben sehen. Zweck der Übungen ist es, die Schärfe des Gesichtsfeldes zu steigern. Bitte schlagen Sie zu jeder Übung die dazugehörige Zeichnung auf (wenn Sie wollen, können Sie die Bilder auch kopieren und vergrößern):

- Augentraining 1 (Seite 133): Auf- und Abwärtsbewegung
- Augentraining 2 (Seite 134): Links- und Rechtsbewegung
- Augentraining 3 (Seite 135): Auf/ab diagonal (Teil 1)
- Augentraining 4 (Seite 136): Auf/ab diagonal (Teil 2). Im fünfzackigen Stern lautet die Reihenfolge: Wind, Wolken, Regen, Meer und Erde.

Stufe 2: Imaginationstraining mit Atemkontrolle

Meereswellen

Machen Sie lange, tiefe Atemzüge, atmen Sie dabei durch den Mund aus. Stellen Sie sich nun vor, Sie stehen an einem Sandstrand. Die Wellen plätschern, strömen auf Sie zu und von Ihnen weg. Passen Sie Ihren Atem dem Rhythmus der Wellen an. Kommt die Welle heran, so atmen Sie ein. Strömt die Welle zurück, atmen Sie aus. Machen Sie lange, tiefe Atemzüge, wobei Sie beim Ausatmen die Lippen schürzen.

Vier Übungen zum Augentraining (zur Erweiterung des Gesichtsfeldes)

1. Aufwärts-/Abwärts-Bewegung

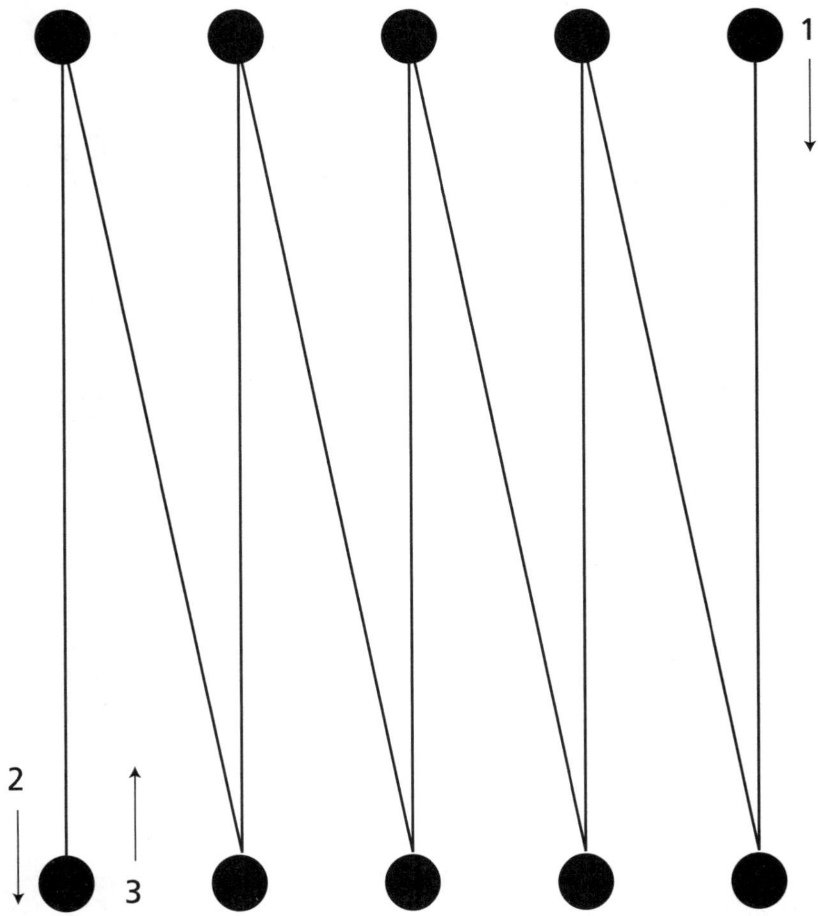

2. Links-/Rechts-Bewegung

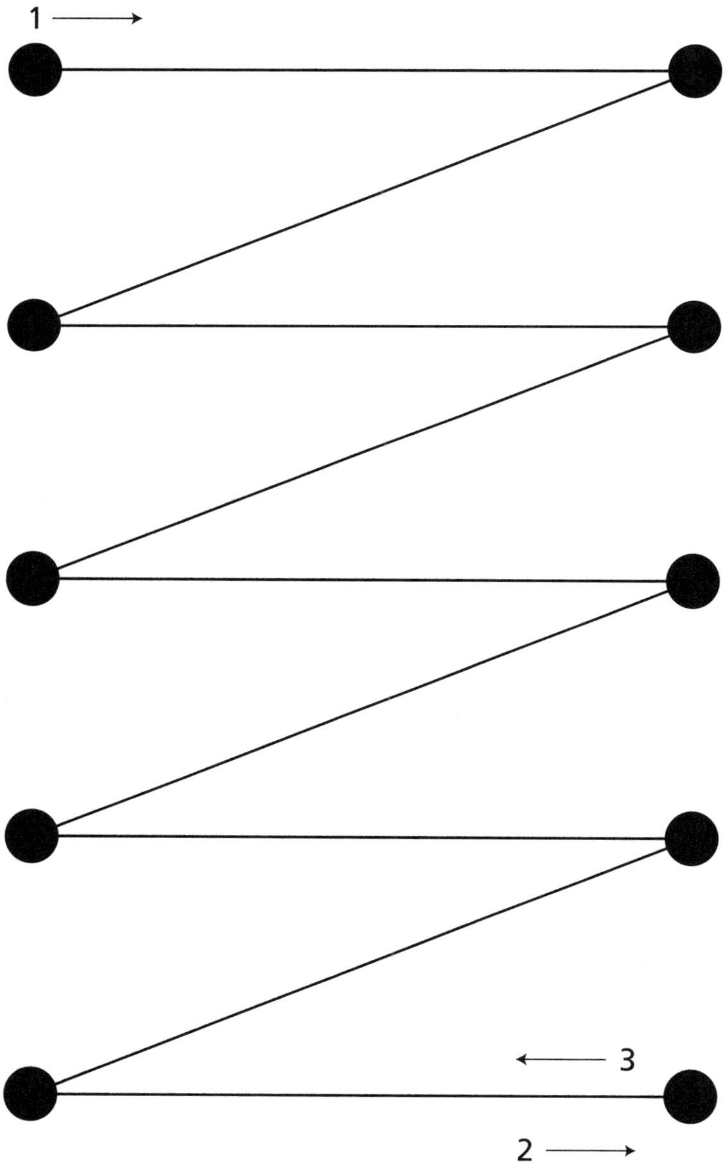

3. Aufwärts/abwärts diagonal (Teil 1)

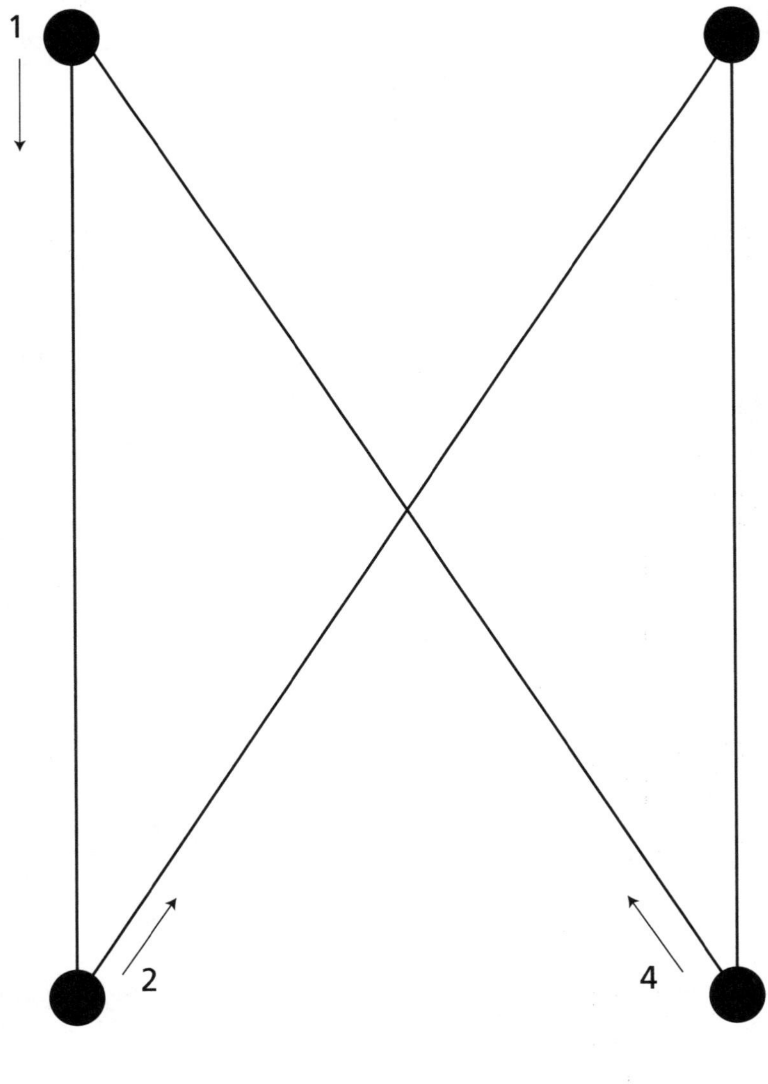

4. Aufwärts/abwärts diagonal (Teil 2)

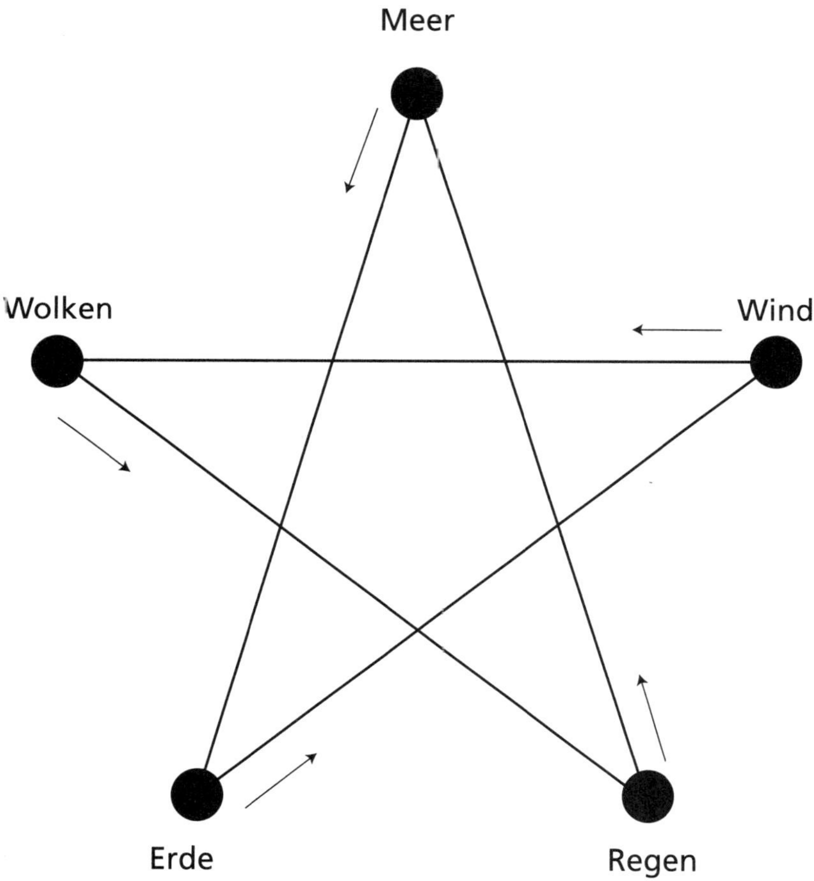

(Die Reihenfolge ist: Wind, Wolken, Regen, Meer, Erde.)

Der Ballon

Stellen Sie sich vor, Sie stehen auf einer weiten Ebene. Ein Ballon, der sich im Wind wiegt, taucht auf. Wenn Sie einatmen, neigt er sich auf Sie zu; beim Ausatmen entfernt er sich wieder. Atmen Sie tief, während Sie den schaukelnden Ballon visualisieren.

Hineinfliegen

Bei dieser Übung machen Sie sich mikroskopisch klein und dringen immer tiefer in etwas ein. Schließen Sie die Augen. Hinter Ihren Lidern sehen Sie einen riesigen Spiegel. Sie stehen direkt davor. Erst schrumpfen Sie auf die Hälfte Ihrer reflektierten Größe, dann noch einmal um eine weitere Hälfte usw., so lange, bis Ihr Körper zu einem unsichtbaren Teilchen geworden ist.

- Fliegen Sie in Ihren Körper. Dies ist eine Erkundung des Inneren Ihres Körpers. Sie können sich dort rasch bewegen. Ist da drin alles gesund oder nicht? Fragen Sie die Zellen, was Sie für sie tun können, dann gehen Sie und tun es.
- Fliegen Sie in eine Frucht. Sehen Sie sich die Kerne an. Wie viele können Sie sehen? Wo sehen Sie sie? Schreiben Sie alles auf ein Blatt Papier. Nachdem Sie die Hineinflieg-Übung gemacht haben, schneiden Sie die Frucht auf und überprüfen Sie die Resultate.
- Fliegen Sie in ein Buch. Gehen Sie in das Buch, und sehen Sie nach, was dort geschrieben steht und welche Bilder darin enthalten sind.

Imaginationstraining für Erwachsene

Der Schlüssel zur Entwicklung der Imaginationsgabe liegt in der Atmung.

1. Ausatmen: Stellen Sie sich vor, wie giftige Energie Ihren Körper verläßt. – 5 Sekunden
2. Einatmen: Energie aus dem Universum strömt in Ihren Körper. – 5 Sekunden
3. Zwischen den Atemzügen: Die eingeatmete Energie wird in die untere Bauchregion geleitet. – 5 Sekunden

Sie können die einzelnen Schritte ausdehnen, wenn Sie sich an die Übung gewöhnt haben.

Regenbogenfarben. Betrachten Sie Farben (siehe Farbtafeln) in der Abfolge Rot, Orange, Gelb, Grün, Blau, Indigo und Violett. Betrachten Sie das die Farben umgebende weiße Feld. Schließen Sie die Augen, und visualisieren Sie die Farben, wobei sie mit Rot beginnen und dann die Farben nacheinander durchgehen. Visualisieren Sie die gesamte Farbtafel.

Rot, Blau, Grün, die Haustür. Sie können das Nachbild-Training auch mit Hilfe der orangefarbenen Karte durchführen. Visualisieren Sie einen roten Apfel, eine gelbe Banane, eine grüne Wassermelone, und dann sehen Sie Ihre eigene Haustür. Öffnen Sie die Tür. Steht irgendwer im Flur? Gehen Sie durch das ganze Haus, und sehen Sie nach, was sich dort abspielt. Denken Sie daran, ihre Ergebnisse zu überprüfen, wenn Sie fertig sind.

(Für Grundschulkinder: Ein Erwachsener sollte die Sätze laut vorlesen. Für Erwachsene: Nachdem sie den Satz gelesen haben, können Sie zur Welt der Bilder übergehen.)

Stufe 3

Endlich ist es Zeit für das Quantum Speed Reading. Bevor wir jedoch zum Durchblättern von Büchern übergehen, gilt es noch ein paar Übungen zu machen.

Entspannung (für Erwachsene)

Bewegen Sie Ihren Körper und entstressen Sie; Sie können z. B. Situps, einen Handstand, Liegestützen oder eine Brücke machen.

Geistiges Training (für Erwachsene)

Machen Sie zuerst die Bauchatmung; danach betrachten Sie sich in einem positiven Licht und als jemand, der seine Höchstleistung erreichen kann.

Stock- (bzw. Stab-)Bild-Training

Liegen Sie still auf dem Boden. Schließen Sie die Augen, und machen Sie drei Atemzüge, deren Tempo Sie selbst bestimmen. Beim Einatmen visualisieren Sie sich als einen harten Stock, zählen Sie eins, zwei, drei, während sie sich steif machen. Heben Sie den Rükken einige Zentimeter vom Boden, und behalten Sie diese Stellung 10 Sekunden lang bei. Während Sie ausatmen, kehren Sie auf den Boden zurück und werden wieder weich und geschmeidig. Wiederholen Sie das Anspannen und Lockern jeweils dreimal.

Training mit künstlichem Licht

Für diese Übung benötigen Sie eine Tischlampe mit einer nackten 30-Watt-Glühbirne; Leuchtstoffröhren sind nicht geeignet. (Sie können diese Übung weglassen, wenn sie keine Standardlampe besitzen.) Fixieren Sie die Glühbirne etwa 30 Sekunden lang aus einer Entfernung von gut zwei Metern, ohne dabei zu blinzeln. Dann schalten Sie das Licht aus, schließen die Augen und nehmen das Nachbild wahr.

Quantum Speed Reading (in Bücher hineinfliegen)

Halten Sie ein eingewickeltes Buch in beiden Händen, und sagen Sie zu sich selbst: „Dieses Buch ist ein Freund." Stellen Sie sich vor, wie Sie eins mit dem Buch werden. Konzentrieren Sie sich, und fliegen Sie dann in das Buch hinein. Schreiben Sie alles auf, was Sie in dem Buch gesehen oder empfunden haben, oder malen Sie es. (Wichtig: Zu Beginn empfiehlt sich ein Bilderbuch.)

Quantum Speed Reading (auf eine bestimmte Seite des Buches fliegen)

Bei dieser Übung fliegen Sie auf eine bestimmte Buchseite, die Sie vorher festlegen. Eine detaillierte Beschreibung, wie dabei vorzugehen ist, finden Sie im letzten Abschnitt von Kapitel 5 (Seite 49).

Stufe 4: QSR

Ein Buch durchblättern

Die empfohlene Einstiegsmethode finden Sie in Stufe 3 beschrieben. Visualisieren Sie, nachdem Sie das Stock-Bild-Training ausgeführt haben, folgendes:

- Sehen Sie sich selbst beim Durchblättern.
- Sehen Sie, wie Farben aus dem Buch hervortreten.
- Sehen Sie sich selbst, wie Sie den Inhalt verstehen.

QSR mit verbundenen Augen

Sie können entweder so stark verdunkeln, daß Sie das Buch nicht mehr sehen können, oder Sie binden sich eine Augenbinde um. Halten Sie das Buch in beiden Händen, konzentrieren Sie sich, und stellen Sie sich vor, wie Sie und das Buch eins werden.

Blättern Sie es durch, wobei Sie abwechselnd schneller und langsamer vorgehen. Welche Farben, Bilder oder Botschaften dringen zu Ihnen vor? Blättern Sie das Buch durch, während Sie es über dem Kopf, neben dem Ohr, vor der Nase, vor der Brust und in anderen Positionen halten.

QSR

Nehmen Sie die Augenbinde ab, und machen Sie QSR, während Sie das Buch jetzt ansehen. Blättern Sie es durch, mal schneller, mal langsamer. Schauen Sie, ob Sie die Farben, die Bilder und den Inhalt erfassen können.

Anmerkung 1: Bücher, die man im QSR-Verfahren lesen sollte. Beginnen Sie mit Büchern, die Sie schon gelesen haben. Entwickeln Sie ein Gefühl dazu, wie es ist, QSR mit einem Buch durchzuführen, dessen Inhalt Sie bereits aufgenommen haben.

Wesentliche Punkte für die Auswahl: Bücher mit einer klaren Aussage, Bücher, die mit der Natur zu tun haben, oder, kurz gesagt, gute Bücher.

Weitere Entwicklung: Wenn Sie besser geworden sind, gehen Sie zu Sachbüchern, Lehrbüchern sowie anderen Büchern über, die Sie interessieren.

Anmerkung 2: Bilder, die aus dem Buch hervortreten (für Erwachsene). Jeder kann die Farben und Botschaften, die aus Büchern kommen, erspüren. Und obgleich es bei diesem Prozeß richtige Naturtalente gibt, ist es für andere vielleicht ratsamer, an einem Seminar teilzunehmen, um dort zu lernen, die Bilder, die aus den Büchern hervortreten, zu erspüren; denn es ist wichtig, die Bilder deutlich wahrnehmen zu können.

Wenn Sie dieses Training immer weiter praktizieren, kommt irgendwann der Moment, in dem sie plötzlich wissen: „So ist es richtig, so muß es sich anfühlen." Üben Sie deshalb immer weiter!

Rückblick

Das folgende Zitat stammt aus dem Buch *The Brain and Infant Education* von Dr. Sawaguchi, erschienen bei Bungei Shinsho: „Eine Menge Lebensweisheit lernen wir bereits, wenn wir im Kindergarten im Sandkasten spielen. Dann, in der Prärie des Lebens, erlernen wir die notwendigen Grundlagen, um ein Wissenschaftler zu werden. Ich glaube, das, was ich auf dem Gipfel des Berges lernte, der sich Universität nennt, waren nur Spezialwissen und technische Fähigkeiten."

Das Trainingsprogramm für Säuglinge

Die Grundlagen für „Child Power" werden im Säuglingsalter gelegt. Ich denke, daß Kinder, die von ihren Müttern mit einem Reichtum an Liebe aufgezogen wurden, diese Fähigkeit für Liebe und Frieden einsetzen werden. Zu gegebener Zeit werden Sie an die Seite ihrer Mütter zurückkehren.

Wenn Kinder in einer natürlichen Umgebung zusammen spielen, sind sie voll liebevoller Gefühle. Beim Spiel, das sie mit ihren Müttern verbindet, oder wenn sie auf dem Schoß der Mutter sitzen und ein Bilderbuch lesen, machen sie Erfahrungen, die die Grundlage für erstaunliche Fähigkeiten bilden. Auf diese Weise werden Körper und Geist der Kinder ausgebildet.

Das Programm für Kinder

Was die Methode anbelangt, nach der man Grundschüler unterrichten sollte, so empfiehlt es sich, eine Mischung aus beidem – sowohl Rechtshirn- als auch Linkshirn-Lerntechniken – anzuwenden.

1. Wenn Sie in der Schule Stundenpläne ausarbeiten, nutzen Sie die Zeit nach dem Glockenläuten, bis der Lehrer ins Klassenzimmer kommt, für QSR-Training.
2. Abgesehen von QSR sollten die Kinder Bücher mit Geschichten lesen und Spaß dabei haben, sich beim Lesen in die Rolle des Helden zu versetzen.
3. Praktizieren Sie QSR nicht nur mit allen möglichen Arten von Büchern, sondern auch in verschiedenen Sprachen. Dabei spielt es keine Rolle, wie leicht oder schwer lesbar die betreffenden Bücher sind.
4. Stehen Kinder vor einer Prüfung, so verfolgen Sie bitte die ganze Zeit über die jeweiligen Resultate. Folgende Punkte sind dabei wichtig:

- Schulbücher durchblättern
- Die Farben, die aus den Büchern hervortreten, sowie die Sprachveränderungen prüfen
- Erst auf Rot-Orange-Gelb achten, dann auf Grün-Blau-Lila (Rechtshirn-Training)
- Was sagt die Botschaft des Buches über die Lernmethode aus? Wie sollte sich der Lernprozeß vollziehen?

Das Programm für Erwachsene

- Betrachten Sie das Training als eine Methode des Bücherlesens, die dazu dient, daß Sie nach dessen Beendigung jedes Buch, das Ihnen in die Hände kommt, durchblättern werden. Gestatten Sie den Büchern, daß diese auf natürliche Weise zu einem Bestandteil Ihres täglichen Lebens werden.
- Bevor Sie mit dem Training beginnen, machen Sie den Child-Power-Test. Machen Sie ihn nach dem Training erneut.
- Wiederholen Sie die Übungen zielstrebig einfach immer wieder.
- Was ist QSR mit verbundenen Augen? Gegenstände innerhalb Ihres visuellen Wahrnehmungsfeldes sehen zu können ist eine wundervolle Fähigkeit, doch wir neigen dazu, vom gedruckten Wort der Bücher überrollt zu werden. Dies liegt daran, daß unser oberflächliches Bewußtsein dabei gewissermaßen im Alleingang operiert. Hat der Schüler aber die Augen verbunden, wird das Bewußtsein unterbrochen, und die tieferen Bewußtseinsebenen werden aktiviert. Der Inhalt des Buches wird dann lückenlos erfaßt. Diese tiefere Bewußtseinsebene ist sehr wichtig.
- QSR ist eine Schnell-Lese-Technik, die das Zwischenhirn akti-

viert. QSR zu beherrschen bedeutet, Dinge in Bilder umsetzen zu können. Das ist es, was wir „Child Power“ nennen. Machen Sie den Child-Power-Test immer wieder, um die Veränderungen mitzuverfolgen. QSR aktiviert den wesentlichen Aspekt unseres Bewußtseins (Zwischenhirn). Durch QSR werden plötzlich viele wundersame Dinge geschehen.

Der „Child-Power"-Test für Erwachsene

Kreuzen Sie an, was auf Sie zutrifft. Machen Sie den Test sowohl vor Trainingsbeginn als auch nach Beendigung des Trainings.

	Aussage	*Vor dem Training*	*Nach dem Training*
1.	Ich träume in Farbe.	❑	❑
2.	Ich kann mich bei der Arbeit konzentrieren.	❑	❑
3.	Bilder tauchen mühelos auf.	❑	❑
4.	Wenn ich mir vorstelle, daß etwas geschieht, geschieht es auch.	❑	❑
5.	Ich leide nicht unter Angst und Streß.	❑	❑
6.	Ich verfüge über eine gute Intuition und verstehe Dinge blitzartig.	❑	❑
7.	Ich werde selten zornig.	❑	❑
8.	Ich kann am Arbeitsplatz Urteile abgeben und bin nicht allzu unschlüssig.	❑	❑
9.	Ich verspüre oft freundliche, gütige Gefühle.	❑	❑
10.	Ich habe Einfälle.	❑	❑
11.	Ich habe eine heitere Persönlichkeit.	❑	❑
12.	Meine Arbeitsbedingungen sind gut.	❑	❑
13.	Ich kann mir die Namen von Personen gut merken.	❑	❑

14. Ich bin gesund (erkälte mich nie) und werde nicht krank bzw. verletze mich nicht. ❑ ❑

15. Ich mache mir keine Sorgen über die Vergangenheit oder die Zukunft. Ich kann mich auf das Jetzt konzentrieren. ❑ ❑

16. Mein Familienleben verläuft reibungslos. ❑ ❑

17. Die Gabe, Entscheidungen zu treffen, ist bei mir ausgeprägt. ❑ ❑

18. Ich bin schnell im Bücherlesen. ❑ ❑

19. Ich bin nicht allzu oft ärgerlich oder aufgeregt. ❑ ❑

20. Ich lächle eher häufig. ❑ ❑

21. Ich finde schnell einen Weg zu den Dingen und Menschen, die ich brauche. ❑ ❑

Geben Sie sich für jedes Kreuzchen einen Punkt.

21 Punkte: Sie verfügen über ein hohes Maß an Child Power! Sie sind für QSR geeignet.

11-20: Ausgezeichnet! Sie haben ganz schön viel Child Power!

6-10: Durchschnitt.

Unter 5: Sie haben eine Menge Streß. Versuchen Sie, wieder zum Kind zu werden, und entspannen Sie!

Nachwort

Die Entdeckung des Quantum Speed Reading als besondere Technik ist nicht den Erwachsenen zu verdanken, die es Kindern konsequent beibrachten. Vielmehr ging es als eine Art Spiel aus den zufälligen und unbewußten Aktivitäten der Kinder hervor. Deswegen bezeichnen wir das absichtslose und ungebundene Prinzip von QSR als „Child Power". Um was für eine Art „Power" handelt es sich also? Als wir die Kinder fragten, wie man Erwachsenen am besten dazu verhelfen könne, Imaginationskraft zu entwickeln, sagte eines von ihnen: „Ihr solltet euch einfach mehr und mehr daran erinnern, wie es war, ein Kind zu sein." Erinnern wir uns also daran, wie es war, als wir Kinder waren: als wir im Fluß badeten, bis die Sonne unterging; als wir mit Freunden einen Hirschkäfer fingen; als wir Mutter und Kind spielten. Unsere Herzen waren so frei und unschuldig. Versuchen Sie doch, ein Buch mit dieser Erwartungshaltung durchzublättern, und erobern Sie dabei Ihr Kindheits-Ich zurück. Spüren Sie die wunderbare Kraft, die in Ihnen aufsteigt. Genau dort beginnt Quantum Speed Reading.

Sich von Schablonen lösen

Da ein so großer Teil unseres täglichen Lebens von der linken Gehirnhälfte gesteuert wird, neigen wir zu der Annahme, dies sei die einzige Art zu leben. Wir sind uns kaum bewußt, daß das rechte Gehirn über erstaunliche Fähigkeiten verfügt. Wollen wir diese Gabe nutzen, müssen wir also zunächst die Schablone des Linkshirn-Denkens sprengen. Dabei werden wir uns von der Welt der Sprache, Theorie und Logik entfernen und in die Welt der Bilder eintreten. Dann wird es uns möglich werden, ein geheimnisvolles und unsichtbares Reich zu erblicken. Bewerten Sie die Welt des rechten Gehirns niemals mit den Maßstäben des linken Gehirns, um zu beurteilen, was möglich und unmöglich, was richtig und falsch ist. Wenn wir unsere rechte Gehirnhälfte ungehindert nutzen und zu einem Teil unseres täglichen Lebens machen, sollte uns auffallen, daß eine neue Lebensweise möglich ist. Das Entscheidendste und Wichtigste für unsere Zukunft ist, daß unser alltägliches Bewußtsein und unser wesentliches Bewußtsein sich vermischen und eins werden.

„Child Power" aktiviert das Zwischenhirn

Wie QSR in bezug auf unser Gehirn funktioniert, läßt sich leicht erklären: Die im Zwischenhirn befindliche Zirbeldrüse verhält sich wie eine Rezeptoren-Sendestation für Informationen auf Quantenebene. Die Haut übernimmt die Funktion einer allumfassenden Empfangs- und Sendehülle auf der Oberfläche des menschlichen Körpers. Über die Haut aufgenommene Informationen werden an die Nervenzellen weitergeleitet und erreichen die Zirbeldrüse im Zwischenhirn über die rechte Gehirnhälfte. Diese Informationen werden in Bilder umgewandelt, die wir dann sehen können. Wenn wir ein Buch durchblättern, werden über die Augen und die Haut aufgenommene Informationen zum Gehirn geleitet und zu Bildern bzw. zu etwas, das wir spüren oder hören können. Genau das ist gemeint, wenn wir von einer Öffnung des Zwischenhirns sprechen.

Es ist wohl nicht übertrieben zu sagen, daß QSR sich des gesamten Gehirns bedient. Auch sollte diese QSR-Fähigkeit nicht als etwas besonders Okkultes betrachtet werden. Sieht man sich den Aufbau und die Funktionsweise des Gehirns an, so handelt es sich bei diesen Gaben einfach nur um eine Erweiterung bereits vorhandener Fähigkeiten. Auch wenn es Ihnen nicht gelingt, irgendwelche Bilder zu visualisieren, üben Sie einfach weiter, und gewöhnen Sie sich daran wie ans tägliche Zähneputzen. Bei fortgesetztem Training werden Sie Zugang zu einer tieferen Bewußtseinsebene erlangen.

QSR ist erst der Anfang

Manche Leute denken vielleicht: „Warum lesen wir Bücher nicht einfach auf die herkömmliche Weise statt mit der QSR-Methode?“ Es ist beim QSR natürlich wichtig, den Inhalt eines Buches zu verstehen, doch ist dies wirklich erst der Anfang. Veränderungen werden sich einstellen – in unserem täglichen Leben ebenso wie in Bereichen, die unsere Gesundheit, unser Studium und unsere Arbeit betreffen. Wir werden eine neue Lebensweise für uns entdecken, die sich von dem, was wir bislang kannten, unterscheidet. Hierin liegt das große Ziel.

QSR ist für alle und jeden

In diesem Buch habe ich über Kindererziehung, das Training von Grundschulkindern, Prüfungsvorbereitungen bei Examensanwärtern sowie spezielle Techniken für Erwachsene gesprochen. Bitte schlagen Sie in den für Sie relevanten Kapiteln dieses Buches nach. Es ist mein größtes Anliegen, daß alle, die das Buch lesen, auch davon profitieren.

Dieses Buch wird Ihnen eine geheimnisvolle Realität eröffnen

- Für Eltern, die Kinder erziehen: Blättern Sie das Buch durch, und Sie werden auf Rezepte stoßen, mit denen sich Probleme lösen lassen, und sich besser fühlen.
- Für Grundschulkinder: Habt viel Spaß beim Quantum Speed Reading mit diesem Buch, und viel Spaß beim Sehen der Bilder, die daraus hervortreten werden.
- Für Schüler, die vor einer Prüfung stehen: Legt beim Lernen ein Exemplar dieses Buches auf euer Pult, und wenn ihr eine Prüfung schreibt, nehmt das Buch als euren neuen Glücksbringer mit.
- Für den Geschäftsmann: Haben Sie immer ein Exemplar in Ihrer Aktentasche, und wenn Ihre Arbeit zu stagnieren scheint, blättern Sie es durch.

Unsere Kurse heute

Die Kinder besuchen unsere Kurse derzeit mit großer Freude. Während ich dieses Buch schrieb, kristallisierten sich neue Talente heraus, die sich fortlaufend weiterentwickeln. Ich werde die Gelegenheit wahrnehmen, zu einem späteren Zeitpunkt über diese Entdeckungen zu schreiben. Es ist natürlich schwierig, dafür zu sorgen, daß unsere Arbeit bekannt wird, wenn man immer nur mit einzelnen Personen spricht; deshalb würde ich mich sehr freuen, wenn es mit diesem Buch gelänge, unsere Botschaft zahlreichen Lesern zu übermitteln.

Zum Schluß möchte ich Izumi Sakai, Naoko Mianishi und Naoki Fujii von ganzem Herzen dafür danken, daß sie dieses Buch verlegt haben. Mein großer Dank gilt zugleich Terashita von der Kasai-Schule für den Beistand und die Unterstützung von den Anfängen des Quantum Speed Reading an. Und ohne die Mitarbeit folgender Personen wäre dieses Buch wohl nie möglich geworden: Takahara, Jun Masayama, Maeda sowie Toko Fukuyoshi mit ihren bezaubernden Illustrationen (in der Originalausgabe). Zuletzt möchte ich noch den Kindern, die mir permanent im Unterricht geholfen haben, meine tiefste Dankbarkeit bezeugen.

Über die Autorin

Yumiko Tobitani, Jahrgang 1944, ist eine leitende Lehrkraft an einer der Shichida Kinderakademien (SCA); zuvor war sie in der Devisenabteilung der Bank von Tokio tätig. Nach ihrer Zeit als Leiterin einer Vorbereitungsschule trat sie 1992 der SCA bei. Auf Grund ihrer Erfahrungen auf dem Erziehungssektor entwickelte sie unter anderem das „Dot Program" (Programm für die Allerkleinsten), das Rechtshirn-Einpräge- und Sinnesschulungs-Programm, das Quantum Speed Reading sowie das Rechtshirn-Schnellrechensystem. Sie arbeitet ferner an Führungsseminaren zur Entwicklung der rechten Gehirnhälfte bei Erwachsenen mit. Zur Zeit leitet sie den Forschungs- und Entwicklungszweig der SCA und ist sowohl Mitglied der Human Science Association als auch der Subtle Energy Association in Japan. Für weitere Informationen besuchen Sie bitte die Internet-Seite www.quantumspeedreading.com.

Über Makoto Shichida

Makoto Shichida, der das Vorwort schrieb und der Autorin beim Schreiben mit Rat und Tat zur Seite stand, wurde 1929 in Shimane Prefecture in Japan geboren. Er ist Professor der Erziehungswissenschaft und Dozent an der Fakultät für Erziehungswissenschaft an der Newport-Universität (Japan-Campus). Shichida ist außerdem Vorsitzender des Shichida Forschungszentrums für Pädagogik sowie Rektor der Shichida-Kinderakademie, die zur Zeit in Japan 400 Schulen unterhält. Auch in Taiwan, Korea und den USA gibt es immer mehr Schulen dieser Art. Mit einer speziellen Ehrenmedaille wurde er für seinen Beitrag zum Weltfrieden bei der World Intellectual Property Registration Conference ausgezeichnet, die von der Union Academique International (International Union of Academies) veranstaltet wurde. Er verfaßte mehr als 50 Bücher, darunter *The Science behind Intellect and Creativity* sowie *The Right Brain Revolution.*

Weitere Bücher aus dem Omega-Verlag

Jan Geurtz

Suchtfrei

Den Selbstbetrug durchschauen

Eine neue Methode ohne Entzugserscheinungen

288 S., gebunden

€ 15,30 [D] • SFr 27,90 • ISBN 978-3-930243-41-9

Jeder Mensch hat ins seiner Kindheit eine Zurückweisung durch die Eltern erfahren, die zu dem negativen Glauben führt, nicht gut zu sein, so wie man ist. Jeder hat seine eigene Methode gefunden, den daraus resultierenden grundlegenden Selbstzweifeln, dem Gefühl von Unzufriedenheit, Wertlosigkeit oder Leere zeitweilig zu entfliehen: mit harten oder weichen Drogen, Medikamenten, Alkohol, Rauchen, Spiel-, Eß-, Sex- oder Beziehungssucht, sonstigen Süchten wie z. B. der nach Fernsehen, Internet oder PC-Spielen oder starker Selbstkontrolle. Dabei ist manchen ihr zwanghaftes Verhalten nicht einmal bewußt.

Der Niederländer Jan Geurtz entlarvt den all diesen Phänomenen zugrunde liegenden Selbstbetrug und zeigt einen Ausweg aus diesem Teufelskreis. Der Erfolg seines ersten Buches *De Opluchting* (Aufatmen. In nur einem Tag endgültig zum Nichtraucher), das in seinem Heimatland allein durch Weitersagen zu einem Bestseller wurde, belegt die Stimmigkeit seines Konzeptes.

Ramona B. Wagner

EFT – Emotionale Freiheit

Eine einfache Selbsthilfetechnik

80 S., broschiert

€ 6,95 [D] • SFr 13,50 • ISBN 978-3-930243-29-7

Die „Emotional Freedom Technique", kurz EFT, geht davon aus, daß psychische Störungen auf Blockaden im Energiesystem des Körpers beruhen. Um die blockierte Energie wieder in Fluß zu bringen, werden spezielle Akupunkturpunkte, die direkt unter der Haut liegen, mit zwei Fingern beklopft, während man an das zu kurierende Symptom denkt.

Auf diese Weise können EFT-Anwender häufig selbst bei schwerwiegenden seelischen Problemen oder bei psychisch bedingten körperlichen Beschwerden in kürzester Zeit Erleichterung finden. Dies gilt sowohl für akute Beschwerden (Schmerzen, Traurigkeit, Prüfungsangst) als auch für langwierige Probleme (Zwänge, Ängste, Phobien, geringes Selbstwertgefühl etc.).